史記菁華錄

冊四

司馬遷 著

白山出版社

吴，楚，齊，淮南，琅邪，代，常山王朝，淮陽王武，濟川王太，是九也。

顏師古以爲言見誅滅，無處所也。

（承上冊）

原文 呂祿、呂產欲發亂關中，內憚絳侯、朱虛等，外畏齊、楚兵，又恐灌嬰畔之，欲待灌嬰兵與齊合而發，猶豫未決。當是時，濟川王太、淮陽王武、常山王朝名爲少帝弟，及魯元王呂后外孫，皆年少未之國，居長安。趙王祿、梁王產各將兵居南北軍，皆呂氏之人。列侯群臣莫自堅其命。

太尉絳侯勃不得入軍中主兵。曲周侯酈商老病，其子寄與呂祿善。絳侯乃與丞相陳平謀，使人劫酈商。令其子寄往紿說呂祿曰：『高帝與呂后共定天下，劉氏所立九王，呂氏所立三王，皆大臣之議，事已布告諸侯，諸侯皆以爲宜。今太后崩，帝少，而足下佩趙王印，不急之國守籓，乃爲上將，將兵留此，爲大臣諸侯所疑。足下何不歸印，以兵屬太尉？請梁王歸相國印，與大臣盟而之國，齊兵必罷，大臣得

安，足下高枕而王千里，此萬世之利也。』呂祿信然其計，欲歸將印，以兵屬太尉。使人報呂產及諸呂老人，或以爲便，或曰不便，計猶豫未有所決。呂祿信酈寄，時與出游獵。過其姑呂嬃，嬃大怒，曰：『若爲將而棄軍，呂氏今無處矣。』乃悉出珠玉寶器散堂下，曰：『毋爲他人守也。』

左丞相食其免。

譯文 呂祿、呂產想要在關中發動叛亂，但是對內他們擔心絳侯、朱虛侯等人發難，對外又畏懼齊國、楚國的精鋭軍隊，同時還擔心灌嬰帶兵叛變，想要等到灌嬰的軍隊與齊國的軍隊交兵之後再發動叛亂。這個時候，濟川王劉太、淮陽王劉武、常山王劉朝名義上雖然是少帝的弟弟，包括呂后外孫魯元王，都因爲年幼沒有去自己所分封的土地上，居住在長安。趙王呂祿、梁王呂產各自帶領軍隊住在南北軍，他們都是呂氏的人。列侯群臣沒有誰堅信自己能夠保全性命。

太尉絳侯周勃無法進入軍營中掌管兵權。曲周侯酈商年紀老邁，體弱多病，他的兒子酈寄和呂祿

徐廣曰：『姓紀。』張晏曰：『紀信字也。尚，主也。今符節令。』

私交甚好。絳侯就和丞相陳平謀劃對策，派人劫持酈商，讓他的兒子酈寄前去欺騙呂祿說：『高帝和呂后一起平定天下，現如今劉氏被封了九個王，呂氏被封了三個王，這些都是經過大臣們商議決定的，這件事情已經向各路諸侯宣布，諸侯也認爲十分妥當。現在太后死了，皇帝年幼，而你身上佩戴着趙王的印綬，不趕快回到自己的封國去守衛國土，卻在關中擔任上將軍，帶領軍隊留在關中，這樣衹會被大臣和諸侯猜疑。你爲什麼不將你的將軍印綬歸還回來，將軍隊交給太尉呢？還可以請梁王也歸還相國印綬，和大臣們商議盟約，前往自己的封國，這樣一來，齊王一定會息兵，大臣也能夠獲得安定的生活，你就能高枕無憂，還能在上千里的土地上稱王，這是有利於子孫萬代的事情啊。』呂祿相信酈寄的建議是正確的，準備將將軍印綬交還回去，把軍隊交給太尉。呂祿派人去告訴呂產和呂氏宗族的老人，他們有人認爲這樣做可行，有人認爲不可行，猶豫不決，主意始終沒有確定下來。呂祿很相信酈寄，經常和他一起出去游獵。有一次，二人經過姑母呂嬃家時，呂嬃非常生氣，說道：『你身爲將軍卻要放棄自己的軍隊，呂氏宗族將再也沒有安身立命的地方了。』於是拿出全部的珠玉寶器扔到地上，說：『我不要再替別人看守這些東西了。』

周勃

周勃，秦末漢初的軍事家、政治家，西漢開國功臣，謚號武侯。呂后死後，他與陳平合謀一舉消滅了呂氏諸王。

左丞相審食其被罷免。

原文

八月庚申旦，平陽侯窋行御史大夫事，見相國產計事。郎中令賈壽使從齊來，因數產曰：『王不蚤之國，今雖欲行，尚可得邪？』具以灌嬰與齊楚合從，欲誅諸呂告產，乃趣產急入宮。平陽侯頗聞其語，乃馳告丞相、太尉。太尉欲入北軍，不得入。襄平侯通尚符節。乃令持節矯內太尉北軍。太尉復令酈寄與典客劉揭先說呂祿曰：『帝使太尉守北軍，欲足下之國，急歸將印辭去，不然，禍且起。』呂祿以爲酈兄不欺己，遂解印屬典客，而以兵授太尉。

太尉將之入軍門，行令軍中曰：『爲呂氏右袒，爲劉氏左袒。』軍中皆左袒爲劉氏。太尉行至，將軍呂祿亦已解上將印去，太尉遂將北軍。

然尚有南軍。平陽侯聞之，以呂產謀告丞相平，丞相平乃召朱虛侯佐太尉。太尉令朱虛侯監軍門。令平陽侯告衛尉：『毋入相國產殿門。』呂產不知呂祿已去北軍，乃入未央宮，欲爲亂，殿門弗得入，裴回①往來。平陽侯恐弗勝，馳語太尉。太尉尚恐不勝諸呂，未敢訟言誅之，乃遣朱虛侯謂曰：『急入宮衛帝。』朱虛侯請卒，太尉予卒千餘人。入未央宮門，遂見產廷中。日餔時，遂擊產。產走，天風大起，以故其從官亂，莫敢鬭。逐產，殺之郎中府吏廁中。

韋昭以訟爲公，徐廣又云一作『公』，蓋公爲得。然公言猶明言也。又解者云訟，誦說也。

注釋 ①裴回：同『徘徊』。

譯文 八月庚申日的清晨，代行御史大夫職責的平陽侯曹窋，找到相國呂產商議事情。郎中令賈壽剛剛從齊地出使回來，趁機數落呂產說：『大王不早點去自己的封國，現在倒是想去了，可是能去得了嗎？』賈壽便將灌嬰與齊楚兩軍結下盟約，準備誅殺呂氏家族的事情告訴了呂產，催促呂產趕快進宮面聖。平陽侯大致聽到了這些話，趕緊跑去告訴丞相、太尉。太尉想要加入北軍之中，卻沒進去。襄平侯紀通主管符節之事。於是命令襄平侯手拿符節，假傳皇帝詔令，讓太尉進入北軍。太尉又派遣酈寄和劉揭前去勸說呂祿：『皇帝命令太尉掌管北軍，想要你趕緊回到封國去，速速交上你的將軍印，不這樣做的話，一定會惹禍上身。』呂祿認爲酈寄不會欺騙自己，於是交出將軍印，又將軍隊交給太尉。太尉拿着大印走進軍門，發號軍令說：『擁護呂氏家族的露出右臂，擁護劉氏家族的露出左臂。』軍中所有人都露出左臂擁護劉氏家族。太尉剛到北軍時，將軍呂祿已經交出了大將軍印，於是，太尉成了北軍的統帥。

可是還有南軍沒有收復。平陽侯聽到呂產的計劃後，將呂產的陰謀全部告訴了丞相陳平，於是丞相陳平召來朱虛侯輔佐太尉。太尉命令朱虛侯把守軍門。派平陽侯告訴護衛：『不要讓相國呂產進入殿門。』呂產不知道呂祿已經離開了北軍，竟然來到了未央宮，想要叛亂，卻連殿門都沒進去，衹能在殿門口來回徘徊。平陽侯擔心不能取勝，守不住呂產，連忙派人飛奔稟告太尉。太尉也擔心戰勝不了呂氏家族，不敢名言誅殺呂產。於是派朱虛侯說：『速速進宮保衛皇帝。』朱虛侯請求太尉分給他士兵，太尉給了他千餘名士兵。朱虛侯進到未央宮門的時候，看見呂產已經在宮中。晚飯時候，朱虛侯向呂產發動進攻。呂產敗逃，天空忽然刮起大風，因爲這個原因，呂產的隨從官員陷入一片混亂之中，沒有誰敢抵抗。朱虛侯一路追逐呂產，在郎中府吏的廁所裏，將呂產殺死。

原文

朱虛侯已殺產，帝命謁者持節勞朱虛侯。朱虛侯欲奪節信，謁者不肯，朱虛侯則從與載，因節信馳走，斬長樂衛尉呂更始。還，馳入北軍，報太尉。太尉起，拜賀朱虛侯曰：『所患獨呂產，今已誅，天下定矣。』遂遣人分部悉捕諸呂男女，無少長皆斬之。辛酉，捕斬呂祿，而笞殺呂嬃。使人誅燕王呂通，而廢魯王偃。壬戌，以帝太傅食其復爲左丞相。戊辰，徙濟川王王梁，立趙幽王子遂爲趙王。遣朱虛侯章以誅諸呂氏事告齊王，令罷兵。灌嬰兵亦罷滎陽而歸。

諸大臣相與陰謀曰：『少帝及梁、淮陽、常山王，皆非真孝惠子

也。呂后以計詐名他人子，殺其母，養後宮，令孝惠子之，立以爲後，及諸王，以強呂氏。今皆已夷滅諸呂，而置所立，即長用事，吾屬無類矣。不如視諸王最賢者立之。』或言『齊悼惠王高帝長子，今其適子爲齊王，推本言之，高帝適長孫，可立也』。大臣皆曰：『呂氏以外家惡而幾危宗廟，亂功臣。今齊王母家駟鈞，駟鈞，惡人也。即立齊王，則復爲呂氏。』欲立淮南王，以爲少，母家又惡。乃曰：『代王方今高帝見子，最長，仁孝寬厚。太后家薄氏謹良。且立長故順，以仁孝聞於天下，便。』乃相與共陰使人召代王。代王使人辭謝。再反，然後乘六乘傳。後九月晦日己酉，至長安，舍代邸。大臣皆往謁，奉天子璽上代王，共尊立爲天子。代王數讓，群臣固請，然後聽。

張晏曰：『備漢朝有變，欲馳還也。或曰傳車六乘。』

譯文

朱虛侯殺死呂產之後，皇帝派使者帶着符節前去慰勞朱虛侯。朱虛侯想要將節信奪過來，前去問候的使者沒有答應，朱虛侯就和他乘坐一輛車，趁機用節信驅車飛奔，殺死了長樂宮衛尉呂更

始。回來的時候，朱虛侯驅車直入北軍，向太尉報告了這件事。太尉站起身向朱虛侯拜賀說道：『我們所擔心的衹是呂產一個人，現在呂產已經被你殺死，天下大勢可以定下來了。』接着派人將呂氏家族的男男女女分別逮捕起來，無論男女老少，全部處死。九月十一日，俘獲呂祿將其斬首，用鞭子和帶刺的棍棒打死了呂嬃。又派人誅殺了燕王呂通，廢黜了魯王張偃。九月十二日，任命皇帝的太傅審食其爲左丞相。九月十八日，將濟川王改封爲梁王，立趙幽王的兒子劉遂爲趙王。派遣朱虛侯劉章將鏟除呂氏家族的事情告知了齊王，讓他罷兵。灌嬰的軍隊也從滎陽班師回到都城。

大臣們相互商議說：『少帝和梁王、淮陽王、常山王，都不是真正的孝惠帝的兒子。呂后使用欺詐的手段將別人的兒子當作孝惠帝的兒子，而且殺掉這些孩子的母親，將他們養育在後宮，讓孝惠帝把他們當作自己的兒子，立他們作爲皇帝的繼承人或分封爲諸王，想要通過這種方法來加強呂氏家族的勢力。如今呂氏宗族已經被全部消滅，假如讓他們所立的人當上皇帝，等到他們長大掌權的時候，我們這些人就都要面臨被殺戮的危險了。不如從諸王中挑選一個最賢明的立爲皇帝吧。』有人說：『齊悼惠王是高帝的長子。現在他的嫡子爲齊王，從親疏嫡庶方面來討論的話，齊王可以說是高帝的嫡長孫，可以把他立爲皇帝。』大臣們都說：『呂氏宗族以外戚的身份篡權作亂，差點讓劉氏宗廟覆滅，他們摧殘有功之臣。如今齊王母家的駟鈞，是個壞人，假如立齊王爲皇帝的話，就很可能會再出現一個呂氏。想要擁立淮南王爲皇帝，又覺得他年輕，他的母家也很凶惡。於是大家說：『代王是高帝現今在世的兒子之一，依行次排列在首位，而且他爲人寬厚仁慈。太后薄氏家族爲人也都謹慎善良。況且擁立行次最長的人爲皇帝本來就是名正言順的事情，再加上代王向來以仁孝聞名天下，現在擁立他爲皇帝是最爲妥當的。』於是就暗中命人將代王召到都城來。代王派人推辭。使者第二次去迎接，代王這才乘着六匹馬拉的傳車，開始從封國起程。閏九月月底己酉這一天，代王到達了長安，居住於代王的官邸。大臣們都爭相前往拜見，向代王獻上天子的印璽，一致擁立代王爲天子。代王連番推讓，大臣們始終堅持自己的請求，最後代王終於答應了。

原文　東牟侯興居曰：『誅呂氏吾無功，請得除宮。』乃與太僕汝陰侯滕公入宮，前謂少帝曰：『足下非劉氏，不當立。』乃顧麾①左右執戟者掊兵罷去。有數人不肯去兵，宦者令張澤諭告，亦去兵。滕公乃

蔡邕曰：『天子有大駕、小駕、法駕。法駕上所乘，曰金根車，駕六馬，有五時副車，皆駕四馬，侍中參乘，屬車三十六乘。』

召乘輿車載少帝出。少帝曰：『欲將我安之乎？』滕公曰『出就舍。』舍少府。乃奉天子法駕，迎代王於邸。報曰：『宮謹除。』代王即夕入未央宮。有謁者十人持戟衛端門，曰：『天子在也，足下何爲者而入？』代王乃謂太尉。太尉往諭，謁者十人皆掊兵而去。代王遂入而聽政。夜，有司分部誅滅梁、淮陽、常山王及少帝於邸。

代王立爲天子。二十三年崩，謚爲孝文皇帝。

注釋 ①麾：同『揮』，揮手示意。

譯文 東牟侯劉興居說：『鏟除呂氏沒有我的功勞，就請陛下恩准我來清理宮廷吧。』於是，他和太僕汝陰侯滕公來到宮內，上前對少帝說：『你不是劉氏的後代，不應當成爲皇帝。』於是回頭指揮少帝左右手持戰戟的侍衛放下武器離開。有幾個人不肯放下武器，宦官的首領張澤上前去說了幾句話，他們也放下了武器。於是，滕公叫來車駕載着少帝離開了宮廷。少帝說：『你們想把我帶到哪裏去？』滕公說：『讓你搬出宮去居住。』少帝被安置在少府居住。接着大臣們又用天子的法駕，去代王官邸迎接代王。并向代王報告說：『宮內我已經清理過了。』代王當天晚上進入未央宮。有十名謁者手持戰戟在正門守衛，對代王說：『天子在這裏，你進去幹什麼？』代王將情況告訴了太尉。於是太尉進去作了說明，十名謁者立即放下武器走開了。代王這才得以進入宮中處理政事。夜裏，官吏分頭將梁王、淮陽王、常山王和少帝通通殺死在官邸。

代王被立爲天子。在位二十三年後駕崩，謚號是孝文皇帝。

原文 太史公曰：孝惠皇帝、高后之時，黎民得離戰國之苦，君臣俱欲休息乎無爲，故惠帝垂拱，高后女主稱制，政不出房戶，天下晏然。刑罰罕用，罪人是希。民務稼穡，衣食滋殖。

譯文 太史公說：孝惠皇帝、呂后在世的時候，老百姓能夠遠離戰亂的痛苦，君主和臣子都想要休養生息，不做對百姓有傷害的事情。因此孝惠皇帝很輕鬆地登上皇位，呂太后一個女子把持朝政，并沒有對天下頒布什麼政令，天下卻依然一片祥和的樣子。很少使用刑法，犯罪的人也很少，老百姓都將心思放在耕種莊稼上，衣食逐漸豐足起來。

【賞析】王諸呂和誅諸呂是關係漢室存亡興替的大事，司馬遷緊緊扣住這個關鍵問題布局謀篇，充分體現了作爲一個史學家的卓越識見。作者多處運用簡潔的漫畫筆法辛辣地諷刺了呂后處心積慮培植呂氏勢力的種種表現：惠帝死後，『太后哭，泣不下』；丞相陳平請拜呂臺、呂產、呂祿爲將，掌握南北軍軍權，諸呂入宮，居中用事，則『太后悅，其哭乃哀』。同樣是哭，就產生了絕妙的諷刺效果。又如寫呂后欲王呂氏而『風大臣』的欲蓋彌彰、『取美人子名之』的弄巧成拙、廢帝更立時的裝腔作勢，都描繪得活靈活現，或明或暗地流露出作者對弄權女主的無情鞭撻。

這篇本紀記事真實，刻畫人物性格鮮明深刻：寫呂后，像她殘害戚姬、連殺三趙王等事件的本身就足以表現其殘忍狠毒的性格了，而作者還往往用貌似悠閑的文字不動聲色地加重表達自己對呂后的憎惡之情，從而也增加了作品的藝術感染力。如惠帝得知『人彘』就是戚夫人後，有『此非人所爲』的痛苦哀嘆，借用呂后親生兒子之口，罵得何等有力！又如呂后鴆殺趙王如意之前，以周昌抗旨和惠帝苦心相護來反襯呂后必置趙王於死地而後快的刻毒。再如趙王劉友被幽死前所唱的那首悲歌，更是對呂后人性滅絕的揭露與聲討。

寫諸元老大臣和劉氏宗室，也是多處着意刻畫，如右丞相王陵敢於當面斥責呂后『今王呂氏，非約也』，又當面質問周勃、陳平：『諸君縱欲阿意背約，何面目見高帝地下？』一尊剛正不阿的漢室忠臣塑像活現眼前。又如在誅滅諸呂過程中，周勃、陳平的多謀機警，朱虛侯的勇武，齊哀王的果斷，灌嬰的沉穩等等，也都描繪得恰如其分。正是由於這些性格各異的人物的通力合作，加之人心所向，才使得他們雖屢處險境，卻又總是絕處逢生，最終誅盡諸呂而大快人心。縱觀全篇，司馬遷似乎向人們昭示了這樣一個道理：得人心者得天下，失人心者失天下。

【集評】【索隱述贊】高祖猶微，呂氏作妃。及正軒掖，潛用福威。志懷安忍，性挾猜疑。置鴆齊悼，殘彘戚姬。孝惠崩殞，其哭不悲。諸呂用事，天下示私。大臣菹醢，支孽芟夷。禍盈斯驗，蒼狗爲菑。

括地志云：『中都故城在汾州平遥縣西南十二里，秦屬太原郡也。』

孝文本紀

題解 《孝文本紀》選自《史記》卷十，本紀第十。這篇本紀記載了漢文帝劉恒在位二十三年間的種種仁政，贊頌了他寬厚仁愛、謙讓儉樸的品德，刻畫出一個完美賢聖的封建君主的形象。

原文 孝文皇帝，高祖中子也。高祖十一年春，已破陳豨軍，定代地，立爲代王，都中都。太后薄氏子。即位十七年，高后八年七月，高后崩。九月，諸呂呂産等欲爲亂，以危劉氏，大臣共誅之，謀召立代王，事在呂后語中。

譯文 孝文皇帝劉恆是高祖所有的兒子中排行居中的兒子。高祖十一年春天，打敗了陳豨的叛軍，平定了代地，孝文皇帝被立爲代王，在中都建都。他是太后薄氏所生。在孝文皇帝做代王的第十七年，即呂后八年，這年七月，呂后去世。九月，呂氏家族的呂産等人想要叛亂，推翻劉氏政權，大臣們共同誅滅了呂氏家族，商議召代王來京城，立他爲皇帝，詳細情況記載在《呂太后本紀》中。

東觀漢記宋楊傳宋義後有宋昌。又會稽典録，昌，宋義孫也。

原文 丞相陳平、太尉周勃等使人迎代王。代王問左右郎中令張武等。張武等議曰：『漢大臣皆故高帝時大將，習兵，多謀詐，此其屬意非止此也，特畏高帝、呂太后威耳。今已誅諸呂，新喋血京師，此以迎大王爲名，實不可信。願大王稱疾毋往，以觀其變。』中尉宋昌進曰：『群臣之議皆非也。夫秦失其政，諸侯豪桀并起，人人自以爲得之者以萬數，然卒踐天子之位者，劉氏也，天下絶望，一矣。高帝封王子弟，地犬牙相制，此所謂盤石之宗也，天下服其强，二矣。漢興，除秦苛政，約法令，施德惠，人人自安，難動摇，三矣。夫以呂太后之嚴，立諸呂爲三王，擅權專制，然而太尉以一節入北軍，一呼士皆左袒，爲劉氏，叛諸呂，卒以滅之。此乃天授，非人力也。今大臣雖欲爲變，百姓弗爲使，其黨寧能專一邪？方今内有朱虚、東牟之親，外畏吴、楚、淮南、琅邪之强。方今高帝子獨淮南王與大王，大

應劭曰：『以荊灼龜，文正橫。』

王又長，賢聖仁孝，聞於天下，故大臣因天下之心而欲迎立大王，大王勿疑也。』代王報太后計之，猶與①未定。卜之龜，卦兆得大橫。占曰：『大橫庚庚，余爲天王，夏啓以光。』代王曰：『寡人固已爲王矣，又何王？』卜人曰：『所謂天王者乃天子。』於是代王乃遣太后弟薄昭往見絳侯，絳侯等具爲昭言所以迎立王意。薄昭還報曰：『信矣，毋可疑者。』代王乃笑謂宋昌曰：『果如公言。』乃命宋昌參乘，張武等六人乘傳詣長安。至高陵休止，而使宋昌先馳之長安觀變。

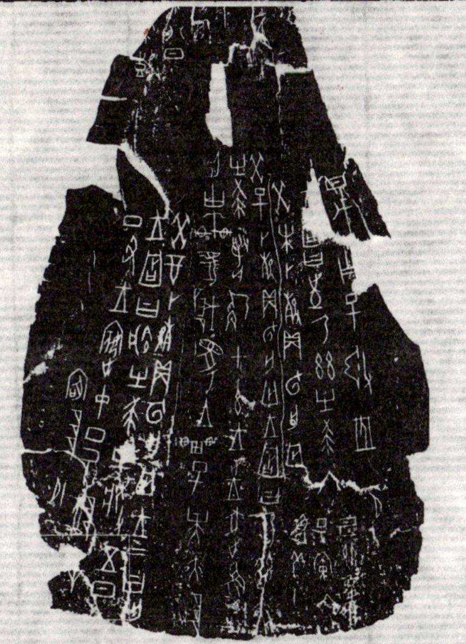

甲骨拓片

古人希望通過占卜來預知吉凶禍福，他們以火灼龜殼，根據其出現的裂紋形狀來判斷吉凶，這種裂痕叫『兆』。

注釋 ①猶與：同『猶豫』。

譯文 丞相陳平、太尉周勃等派人去迎接代王。代王詢問了左右近臣和郎中令張武等人對於這件事的意見。張武等人建議說：『朝廷中的大臣都是當初高帝時的大將，熟悉兵事，多謀善詐，他們的眞正用意恐怕不止於此，這樣做的原因是因爲畏懼高帝、呂太后的威勢。如今他們剛剛誅滅了呂氏宗族，血洗京城，此時來這裏名義上是迎接大王，實際上不可輕信。希望大王假託有病，不要前往京城，以便觀察事態的變化。』中尉宋昌進言說：『衆位大臣的意見都是錯誤的。當初秦朝政治混亂，腐敗瓦解的時候，諸侯豪傑紛紛起事，自認爲能夠得到天下的人數以萬計，然而最終登上天子之位的是劉氏，天下豪傑已經不再存有做皇帝的希望，這是第一點。高帝封劉氏子弟爲王，各王的封地像犬牙一樣交錯，互相制約，這就是人們所說的如磐石一樣堅固的宗族，天下的人因爲劉氏的強大而屈服，這是第二點。漢朝建立以後，廢除了秦朝苛刻的政令，簡化了法令，對民衆施以德惠，人們都有安定的生活，人心難以動搖，這是第三點。再者，憑借呂太后的威嚴，呂氏已經有三名子弟被立爲王，把持朝政，獨斷專權，然而太尉持節進入呂氏把持的北軍，一聲呼喚，將士們都袒露左臂，表示要擁護劉氏，摒棄呂氏，最終消滅了呂氏宗族。這是天意所授，而不是人力所能做到的。現在即使大臣想要叛變，百姓也不會爲他們所驅使，他們的黨羽難道能心意一致地團結在一起嗎？如今在京城，內有朱虛侯、東牟侯這樣的親族，外有吳王、楚王、淮南王、琅琊王、齊王、代王這樣強大的諸侯，誰都懼怕他們。現在高帝的兒子衹剩下淮南王和大王您了，大王您又年長，賢能、聖德、仁愛、孝順，聞名天下，所以大臣們根據天下百姓的心願願意迎接大王，立爲皇帝，大王您不必疑慮。』代王又把這件事稟報給了太后，進行磋商，還是猶豫不決，拿不定主意。於是用龜甲來占卜，龜甲上顯現出一條大的橫向裂紋。兆辭是：『大橫預示着更替，我將成爲天王，像夏啓一樣，使父業發揚光大。』代王說：『我本來已經是諸侯王了，還要做什麼王？』占卜的人說：『所說的天王就是天子。』於是代王就派遣太后的弟弟薄昭前往京城會見絳侯，絳侯等人把迎立代王的意圖全都告訴了薄昭。薄昭回來報告說：『情況是眞實的，沒有可懷疑的地方。』代王於是笑着對宋昌說：『果然如你所說。』隨即讓宋昌擔任隨軍的參乘，張武等六人也乘傳車隨同代王前往長安。走到高陵停了下來，派宋昌先驅車前去長安觀察局勢有無變化。

原文 昌至渭橋，丞相以下皆迎。宋昌還報。代王馳至渭橋，群臣拜謁稱臣。代王下車拜。太尉勃進曰：『願請間言。』宋昌曰：『所言公，公言之。所言私，王者不受私。』太尉乃跪上天子璽符。代王謝曰：『至代邸而議之。』遂馳入代邸。群臣從至。丞相陳平、太尉周勃、大將軍陳武、御史大夫張蒼、宗正劉郢、朱虛侯劉章、東牟侯劉興居、典客劉揭皆再拜言曰：『子弘等皆非孝惠帝子，不當奉宗廟。臣謹請與陰安侯列侯頃王后與琅邪王、宗室、大臣、列侯、吏二千石議曰：「大王高帝長子，宜爲高帝嗣。」願大王即天子位。』代王曰：『奉高帝宗廟，重事也。寡人不佞，不足以稱宗廟。願請楚王計宜者，寡人不敢當。』群臣皆伏固請。代王西鄉讓者三，南鄉讓者再。丞相平等皆曰：『臣伏計之，大王奉高帝宗廟最宜稱，雖天下諸侯萬民以爲宜。臣等爲宗廟社稷計，不敢忽。願大王幸聽臣等。臣謹奉天子璽

包愷音閒，言欲向空閒處語。顏師古云：『閒，容也，猶言中閒。請容暇之頃，當有所陳，不欲即公論也。』

應劭曰：『舊典，天子行幸所至，必遣靜宮令先案行清靜殿中，以虞非常。』

符再拜上。』代王曰：『宗室將相王列侯以爲莫宜寡人，寡人不敢辭。』遂即天子位。

群臣以禮次侍。乃使太僕嬰與東牟侯興居清宮，奉天子法駕，迎於代邸。皇帝即日夕入未央宮。乃夜拜宋昌爲衛將軍，鎮撫南北軍。以張武爲郎中令，行殿中。還坐前殿。於是夜下詔書曰：『間者諸呂用事擅權，謀爲大逆，欲以危劉氏宗廟，賴將相列侯宗室大臣誅之，皆伏其辜。朕初即位，其赦天下，賜民爵一級，女子百戶牛酒，酺五日。』

譯文

宋昌剛到渭橋，丞相以下的各級官員都前來迎接。宋昌返回向代王作了稟報。代王驅車來到渭橋，大臣們都來拜見稱臣。代王也下車答拜群臣。太尉周勃上前說：『希望單獨向大王稟報。』宋昌說：『如果你要說的是公事，就請公開說。如果你要說的是私事，爲王的人不受理私事。』太尉於是跪下獻給代王皇帝的印璽和符節。代王辭謝說：『等到了代王官邸再商議。』於是驅車進入代王官邸。大臣們也都相隨來到代王官邸。丞相陳平、太尉周勃、大將軍陳武、御史大夫張蒼、宗正劉郢、朱虛侯劉章、東牟侯劉興居、典客劉揭都上前行禮，拜了兩拜後進言說：『皇子劉弘等都不是孝惠帝的兒子，不應當繼續做皇帝，事奉宗廟。我們和陰安侯、頃王后、琅琊王，以及宗室、大臣、列侯、兩千石以上官員商議，大家說：「大王如今是高帝的長子，最適合做高帝的繼承人。」希望大王即位爲天子。』代王說：『事奉高帝宗廟，事關重大。我沒有什麼才能，不足以勝任侍奉宗廟的大事。希望請楚王考慮一個適合的人選，我不敢當此重任。』大臣們都拜伏在地上，堅決地請求。代王先是面朝西坐在主人的位置謙讓了好幾次，群臣扶他面朝南坐在君主的位置，他又謙讓了兩次。丞相陳平等人都說：『我們再三商議，認爲大王您侍奉高

皇后之璽

這是西漢皇后玉印的印文。璽印與符節都是信物，象徵着權力。秦漢以後多稱王者之印爲璽。

帝宗廟是最適宜的，就是讓天下的諸侯和百姓來考慮，他們也認爲是適宜的。我們爲宗廟和國家着想，絕不敢輕率、忽視。希望大王您聽從我們的建議，我們將感到榮幸。現在我們鄭重而又恭敬地奉上皇帝的璽印和符節。」代王說：「既然宗室、將相、諸王、列侯都認爲沒有人比我更適宜，那麼我就不敢再推辭了。」於是代王即位做了天子。

大臣們按照禮儀，依秩位高下列侍。於是派太僕夏侯嬰和東牟侯劉興居清理皇宮，然後用天子法駕去代王的官邸迎接皇帝。皇帝在當天晚上進入未央宮。連夜任命宋昌爲衛將軍，鎮伏和安撫兩宮衛隊南北軍；任命張武爲郎中令，負責巡行殿中。皇帝回到前殿坐朝，在當夜下詔說：「近來呂氏子弟把持朝政、獨斷專行，陰謀叛逆，企圖侵害劉氏天下，全靠衆位將相、列侯、宗室和大臣誅滅了他們，使他們的罪惡全都得到了應有的懲罰。現在我剛剛即位，大赦天下，賜予百姓中的男戶主爵一級，賜給無夫無子的女戶主每百戶一頭牛和十石酒，允許百姓聚會宴飲五天。」

原文

孝文皇帝元年十月庚戌，徙立故琅邪王澤爲燕王。

辛亥，皇帝即阼，謁高廟。右丞相平徙爲左丞相，太尉勃爲右丞

漢文帝

相，大將軍灌嬰爲太尉。諸呂所奪齊楚故地，皆復與之。

壬子，遣車騎將軍薄昭迎皇太后於代。皇帝曰：「呂產自置爲相國，呂祿爲上將軍，擅矯遣灌將軍嬰將兵擊齊，欲代劉氏，嬰留滎陽弗擊，與諸侯合謀以誅呂氏。呂產欲爲不善，丞相陳平與太尉周勃謀奪呂產等軍。朱虛侯劉章首先捕呂產等。太尉身率襄平侯通持節承詔入北軍。典客劉揭身奪趙王呂祿印。益封太尉勃萬戶，賜金五千斤。丞相陳平、灌將軍嬰邑各三千戶，金二千斤。朱虛侯劉章、襄平侯通、東牟

括地志云：『陽信故城在滄州無棣縣東南三十里，漢陽信縣。』

侯劉興居邑各二千戶，金千斤。封典客揭爲陽信侯，賜金千斤。』

譯文 孝文皇帝元年十月一日，改封原琅琊王劉澤爲燕王。

二日，文帝正式即位，拜謁高廟，右丞相陳平升遷左丞相，太尉周勃任右丞相，大將軍灌嬰任太尉。呂氏所剝奪的原齊國和楚國的封地，又都歸還給齊王和楚王。

三日，文帝派遣車騎將軍薄昭去代國迎接皇太后。皇帝說：『呂產自任爲相國，呂祿自任爲上將軍，擅自假託皇帝詔令派遣將軍灌嬰帶領軍隊攻打齊國，企圖取代劉氏，而灌嬰留駐在滎陽，按兵不發，并與諸侯共謀誅滅了呂氏。呂產企圖發動叛亂，丞相陳平和太尉周勃謀劃奪取了呂產等人的兵權。朱虛侯劉章率先捕殺了呂產等人。太尉親自率領襄平侯紀通持節奉詔進入北軍。典客劉揭親自奪下趙王呂祿的將軍印。爲此，加封太尉周勃食邑一萬戶，賞賜黃金五千斤；加封丞相陳平、將軍灌嬰每人食邑三千戶，賞賜黃金兩千斤；加封朱虛侯劉章、襄平侯紀通、東牟侯劉興居每人食邑兩千戶，賞賜黃金一千斤；封典客劉揭爲陽信侯，賞賜黃金一千斤。』

原文 十二月，上曰：『法者，治之正①也，所以禁暴而率善人也。今犯法已論，而使毋罪之父母妻子同產坐之，及爲收帑②，朕甚不取。其議之。』有司皆曰：『民不能自治，故爲法以禁之。相坐坐收，所以累其心，使重犯法，所從來遠矣。如故便。』上曰：『朕聞法正則民慤，罪當則民從。且夫牧民而導之善者，吏也。其既不能導，又以不正之法罪之，是反害於民爲暴者也。何以禁之？朕未見其便，其孰計之。』有司皆曰：『陛下加大惠，德甚盛，非臣等所及也。請奉詔書，除收帑諸相坐律令。』

親嘗湯藥

漢文帝劉恒以仁孝之名，聞於天下，侍奉母親從不懈怠。母親臥病三年，他常常目不交睫，衣不解帶；母親所服的湯藥，他親口嘗過後才放心讓母親服用。

注釋 ①正：通『證』，憑證、依據。②帑：通『孥』，

應劭曰：『帑，子也。秦法一人有罪，并坐其家室。今除此律。』

妻子兒女。

譯文　十二月，文帝說：『法令是治理國家的準繩，可以用它來制止殘暴行爲，引導人們向善。如今犯罪的人定罪後，卻還要連累他們無罪的父母、妻子、兄弟無辜受罪，甚至收沒妻子兒女爲官府奴婢。我認爲這種做法很不可取，希望大家討論一下。』官員們都說：『百姓不能自治，所以制定法令來禁止他們幹壞事。無罪的親屬連坐，收沒妻子兒女爲官府奴婢，就是要使人們心有牽挂，使他們不敢輕易觸犯法律，這種做法由來已久。還是依原來的做法不加改變爲宜。』文帝說：『我聽說法令公正則百姓忠厚，判罪量刑得當則百姓心服。況且治理百姓，引導他們向善，是官吏的職責。如果官吏既不能引導百姓向善，又使用不公正的法律來處罰他們，這反而是加害於民，迫使他們去幹凶暴的事。法律怎麼能禁止得了呢？這樣的法令，我看不出有什麼適宜之處。請你們再仔細考慮考慮。』官員們都說：『陛下施加給百姓恩惠浩大，功德無量，這不是我們這些臣子所能想得到的。我們謹遵詔書，廢除一人有罪，妻室收沒爲官府奴婢和一些互相連坐的法令。』

原文　正月，有司言曰：『蚤建太子，所以尊宗廟。請立太子。』上曰：『朕既不德，上帝神明未歆享，天下人民未有嗛①志。今縱不能博求天下賢聖有德之人而禪天下焉，而曰豫②建太子，是重吾不德也。謂天下何？其安之。』有司曰：『豫建太子，所以重宗廟社稷，不忘天下也。』上曰：『楚王，季父也，春秋高，閱天下之義理多矣，明於國家之大體。吳王於朕，兄也，惠仁以好德。淮南王，弟也，秉德以陪朕。豈爲不豫哉！諸侯王宗室昆弟有功臣，多賢及有德義者，若舉有德以陪朕之不能終，是社稷之靈，天下之福也。今不選舉焉，而曰必子，人其以朕爲忘賢有德者而專於子，非所以憂天下也。朕甚不取也。』有司皆固請曰：『古者殷周有國，治安皆千餘歲，古之有天下者莫長焉，用此道也。立嗣必子，所從來遠矣。高帝親率士大夫，始平天下，建諸侯，爲帝者太祖。諸侯王及列侯始受國者皆亦爲其國祖。子孫繼嗣，世世弗絕，天下之大義也，故高帝設之以撫海內。今

言古之有天下者，無長於立子，故云『莫長焉』。用此道者，用殷周立子之道，故安治千有餘歲也。

釋宜建而更選於諸侯及宗室，非高帝之志也。更議不宜。子某最長，純厚慈仁，請建以爲太子。』上乃許之。因賜天下民當代父後者爵各一級封將軍薄昭爲軹侯。

注釋 ①嗛：通『慊』，滿足。②豫：同『預』，預先。

譯文 正月，官員們進言說：『早點確立太子，尊奉宗廟的一種保證。請皇帝確立太子。』文帝說：『我是德薄之人，天帝神明還沒有享受我的祭品，天下人民的心裏還沒有感到滿意。現在我不能廣泛地尋訪天下聖明有德的人而把天下禪讓給他，卻說什麼要預先確立太子，這是加重我的無德，我拿什麼向天下人交代呢？這件事還是緩一緩吧。』官員們說：『預先確立太子，正是以宗廟和國家爲重，表達沒有忘懷天下。』文帝說：『楚王是我的叔父，他的年歲大，見識和經歷都很豐富，懂得很多天下的道理，明了國家的大體。吳王是我的兄長，爲人仁惠賢德，喜歡以德待人。淮南王是我的弟弟，能守其才德來輔佐我。有了他們，這難道不是預先解決了皇帝繼承人的問題嗎？諸侯王、宗室、弟兄和有功的大臣，很多都是有才能和有德義的人，如果推舉有德之人來輔佐我個這因德薄而不能終位的皇帝，這也是社稷神明有靈，是天下人的福分。現在不推舉他們，而認爲一定要立太子，人們會認爲我忘記了賢明有德的人，而祇想着自己的兒子，不是爲天下人着想。我認爲這樣做很不可取。』官員們都堅決地請求說：『古代殷朝、周朝立國，天下安治達到一千多年，古時享有天下的王朝沒有比殷、周立國更長遠的了，這是因爲殷、周都采取了立太子這個方法。一定要自己的兒子成爲繼承人，這是由來已久的。高帝親自率領文臣武將，最早平定天下，封建諸侯，成爲本朝皇帝的太祖。最初接受封國的諸侯王和列侯也都成爲他們各自封國的始祖。子孫相繼嗣位，世世代代不斷絕，這是天下的大義所在，所以高帝設立了傳位於子的制度來安定天下人心。現在如果放棄應當被立爲繼承人的人員，而另從諸侯和宗室中挑選他人，這就違背

遣幸謝相

文帝時，申屠嘉接替張蒼爲丞相。爲人廉潔耿直，曾擬誅驕橫的寵臣鄧通，文帝爲之再三請求方免。

了高帝的本意，再議論立他人爲繼承人是不合適的。陛下的兒子啓最大，純厚仁慈，請立他爲太子。』文帝這才同意了。并因此賜予天下百姓中應當爲父後嗣的長子每人爵一級。封將軍薄昭爲軹侯。

原文

三月，有司請立皇后。薄太后曰：『諸侯皆同姓，立太子母爲皇后。』皇后姓竇氏。上爲立后故，賜天下鰥寡孤獨窮困及年八十已上孤兒九歲已下布帛米肉各有數。上從代來，初即位，施德惠天下，塡撫諸侯四夷皆洽驩，乃循從代來功臣。上曰：『方大臣之誅諸呂迎朕，朕狐疑，皆止朕，唯中尉宋昌勸朕，朕以得保奉宗廟。已尊昌爲衛將軍，其封昌爲壯武侯。諸從朕六人，官皆至九卿。』

謂帝之子爲諸侯王，皆同姓。姓，生也。言皆同母生，故立太子母也。

上曰：『列侯從高帝入蜀、漢中者六十八人皆益封各三百戶，故吏二千石以上從高帝潁川守尊等十人食邑六百戶，淮陽守申徒嘉等十人五百戶，衛尉定等十人四百戶。封淮南王舅父趙兼爲周陽侯，齊王舅父駟鈞爲清郭侯。』秋，封故常山丞相蔡兼爲樊侯。

人或說右丞相曰：『君本誅諸呂，迎代王，今又矜其功，受上賞，處尊位，禍且及身。』右丞相勃乃謝病免罷，左丞相平專爲丞相。

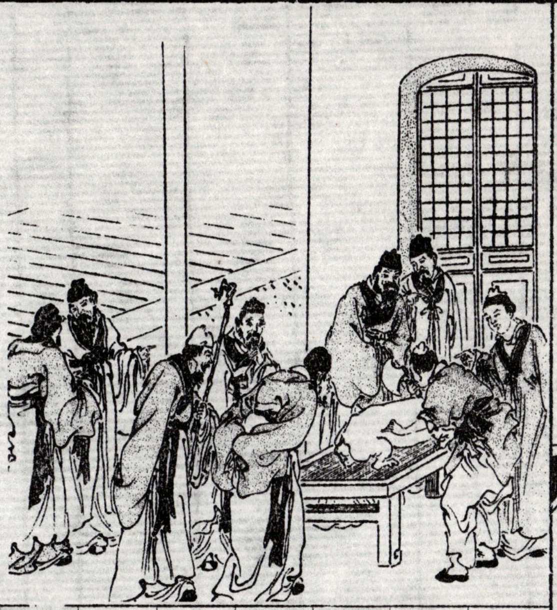

宰肉均平

陳平年少時便胸存大志，他曾主持祭社神，爲大家分肉，分得十分均勻。地方上的父老鄉親們紛紛贊揚他。陳平感慨地說：『假使我能有機會治理天下，也一定能像分肉一樣恰當、稱職。』

譯文

三月，官員們請求皇帝封立皇后。薄太后說：『諸侯王都是同姓，不能從同姓那裏選擇皇后，就立太子的母親爲皇后吧。』皇后姓竇。文帝因爲立了皇后的緣故，賜給天下無妻、無夫、無父、無子的貧窮困苦的人，以及年過八十的老人、不滿九歲的孤兒每人若干數量的布、帛、米、肉。文帝從代國來到京城，即位不久，就對天下百姓廣施德惠，安撫諸侯和四方邊遠的部族，他們都很歡欣并且融洽，於是依次賞賜從代國隨同來京的功臣。文帝說：『當朝廷大臣誅滅了呂氏子弟迎接我入朝的時候，我猶豫不決，代國的大臣們都勸阻我入京，衹有中尉宋昌勸我不要懷疑，這樣我才得以事奉宗廟。宋昌已經提拔爲衛將軍，現在再封他爲壯武侯。另外隨我入京的六個人，官職都升到九卿。』

文皇帝說：『當年跟隨高祖去蜀和漢中的六十八位列侯都各加封食邑三百戶；過去隨從高帝的兩千石以上的官吏、跟隨高帝的潁川郡郡守劉尊等十人，各賞封食邑六百戶；淮陽郡郡守申徒嘉等十人各賞封食邑五百戶；衛尉定等十人各賞封食邑四百戶。封淮南王的舅父趙兼爲周陽侯，齊王的舅父駟鈞爲清郭侯。』秋天，封原來常山國的丞相蔡兼爲樊侯。

有人勸告右丞相說：『你先是誅殺呂氏子弟，迎接代王爲天子，如今又居功自傲，受到最高的賞賜，居於尊顯的地位，恐怕不久就會大難臨頭了。』於是右丞相周勃就推託有病而免除了右丞相的職務，由左丞相陳平一人專任丞相。

原文 二年十月，丞相平卒，復以絳侯勃爲丞相。上曰：『朕聞古者諸侯建國千餘歲，各守其地，以時入貢，民不勞苦，上下驩欣，靡有遺德。今列侯多居長安，邑遠，吏卒給輸費苦，而列侯亦無由教馴其民。其令列侯之國，爲吏及詔所止者，遣太子。』

十一月晦，日有食之。十二月望，日又食。上曰：『朕聞之，天生蒸①民，爲之置君以養治之。人主不德，布政不均，則天示之以菑，以誡不治。乃十一月晦，日有食之，適見於天，菑孰大焉！朕獲保宗廟，以微眇之身託於兆民君王之上，天下治亂，在朕一人，唯二三執政猶吾股肱也。朕下不能理育群生，上以累三光之明，其不德大矣。令至，其悉思朕之過失，及知見思之所不及，匄②以告朕。及舉賢良方正能直言極諫者，以匡朕之不逮。因各飭其任職，務省繇費以便民。朕既不能遠德，故然念外人之有非，是以設備未息。今縱不能罷邊屯戍，而又飭兵厚衛，其罷衛將軍軍。太僕見馬遺財③足，餘皆以給傳置。』

張晏曰：『爲吏，謂以卿大夫爲兼官者。詔所止，特以恩愛見留者。』

應劭曰：『古者天子耕籍田千畝，爲天下先。籍者，帝王典籍之常。』

注釋 ①蒸：通『烝』，衆多。②匄：同『丐』，乞求，希望。③財：通『才』，僅僅。

譯文 文帝二年十月，丞相陳平去世，又任命絳侯周勃爲丞相。文帝說：『我聽說古代建立了國家的諸侯達一千多個，他們各自守衛着自己的封地，按規定的時間入朝向天子進貢，百姓不覺得勞苦，上下歡歡喜喜，沒有發生不遵守道德的事情。如今列侯大多數都住在長安，離封邑又遠，靠那裏的官吏和士卒供給輸送所需物資，既浪費又勞苦，而這些列侯也無從教導和管理他的民衆。讓列侯回到各自的封國去，在朝廷擔任官職和有詔令准許留下的，要派遣太子回到封國。』

十一月的最後一天，發生了日食。十二月十五日，又發生了日食。文帝說：『我聽說上天生育了萬民，還爲他們設置了君主來撫育和管理他們。如果君主不仁德，施政不公平，那麼上天就會顯示出災異現象，來告誡他天下治理得不好。在十一月的最後一天，竟然發生了日食，上天對我的譴責之意在天象上表現出了災異現象，沒有什麼比這更爲嚴重的了。我能夠侍奉宗廟，以這微小之軀處於億萬民衆和諸侯王之上，天下的治與亂，在我一個人，你們衆位執掌國政的大臣如同我的左膀右臂。我對下不能很好地治理和養育萬物生靈，對上又有損於日、月、星辰的光輝，以致發生日食，我的不仁德實在是太嚴重了。接到詔令後，你們都要認真思考一下我的過失，以及我的所知、所見、所想所不能達到的地方，請求你們告訴我。并且還要推選賢良方正、能夠直言進諫的人，來糾正我的疏漏。趁此機會官吏們各自整頓自己擔任的職責，務必減少徭役和費用，從而便利百姓。我因爲不能把德惠恩澤普及到遠方，所以心裏憂慮不安，擔心邊遠地區的人們侵擾邊境，爲非作歹，因此從來沒有停止邊疆的防務。現在既然不能撤除邊塞的屯戍，又命令增加軍隊來嚴密地保護我，是沒有必要的，應該撤掉衛將軍統率的軍隊。太僕掌管的現有馬匹祇需留下一些夠用就可以了，多餘的都交給驛站使用。』

甘泉宮

甘泉宮是西漢的六大宮殿之一。其他五宮，長樂、未央、建章、桂、北，全部集中在長安。甘泉宮是因秦舊宮而建，當時叫『甘泉上林苑』，或省稱『甘泉苑』。

原文 正月，上曰：『農，天下之本，其開籍田，朕親率耕，以給宗廟粢盛。』三

月，有司請立皇子爲諸侯王。上曰：『趙幽王幽死，朕甚憐之，已立其長子遂爲趙王。遂弟辟強及齊悼惠王子朱虛侯章、東牟侯興居有功，可王。』乃立趙幽王少子辟強爲河間王，以齊劇郡立朱虛侯爲城陽王，立東牟侯爲濟北王，皇子武爲代王，子參爲太原王，子揖爲梁王。

上曰：『古之治天下，朝有進善之旌，誹謗之木，所以通治道而來諫者。今法有誹謗妖言之罪，是使衆臣不敢盡情，而上無由聞過失也。將何以來遠方之賢良？其除之。民或祝詛上以相約結而後相謾，吏以爲大逆，其有他言，而吏又以爲誹謗。此細民之愚無知抵死，朕甚不取。自今以來，有犯此者勿聽治。』

九月，初與郡國守相爲銅虎符、竹使符。

漢書音義曰：『民相結共祝詛上也。謾者，而後謾而止之，不畢祝詛也。』

應劭曰：『銅虎符第一至第五，國家當發兵，遣使者至郡合符，符合乃聽受之。竹使符皆以竹箭五枚，長五寸，鐫刻篆書，第一至第五。』

譯文

正月，文帝說：『農業是國家的根本，我要開墾良田，親自帶頭耕種，以供給祭祀宗廟時要用的穀物。』

三月，官員們請求封皇子們爲諸侯王。文帝說：『趙幽王劉友被幽禁而死，我非常憐憫他，已經立他的長子劉遂爲趙王。劉遂的弟弟劉辟強以及齊悼惠王的兒子朱虛侯劉章、東牟侯劉興居立下功勞，也可以封王。』於是封趙幽王的小兒子劉辟強爲河間王，用齊國重要的大郡封朱虛侯爲城陽王，封東牟侯爲濟北王，封皇子劉武爲代王，封皇子劉參爲太原王，封皇子劉揖爲梁王。

文帝說：『古代治理天下，朝廷設有進獻善言的旌旗和供書寫誹謗言論的木柱，以此來保證治國之道的暢通，使直言進諫的人前來發表意見。現在法令中有誹謗朝廷、妖言惑衆的罪名，這就使大臣們不敢全部講眞話暢所欲言，皇帝無從聽到自己的過失。這怎麼能夠爲朝廷招來遠方的賢良人士呢？應該廢除這一法令。百姓當中有人詛咒皇帝，商定互相隱瞞，而後來又違背約定相互揭發，官吏們認爲這是大逆不道，如果再有其他不滿的言論，官吏們又認爲是誹謗朝廷，這些衹是小民的愚昧無知，據此而被判爲死罪，我認爲非常不可取。從今以後，再有犯類似罪行的，一律不要加以審理和治罪。』

九月，開始把授兵權和調遣軍隊用的銅虎符和使臣們出使用的竹使符發給郡守和封國丞相。

原文

三年十月丁酉晦，日有食之。十一月，上曰：『前日詔遣列侯之國，或辭未行。丞相朕之所重，其爲朕率列侯之國。』絳侯勃免丞相就國，以太尉頴陰侯嬰爲丞相。罷太尉官，屬丞相。四月，城陽王章薨。淮南王長與從者魏敬殺辟陽侯審食其。

五月，匈奴入北地，居河南爲寇。帝初幸甘泉。六月，帝曰：『漢與匈奴約爲昆弟，毋使害邊境，所以輸遺匈奴甚厚。今右賢王離其國，將衆居河南降地，非常故，往來近塞，捕殺吏卒，驅保塞蠻夷，令不得居其故，陵轢邊吏，入盜，甚敖①無道，非約也。其發邊吏騎八萬五千詣高奴，遣丞相頴陰侯灌嬰擊匈奴。』匈奴去，發中尉材官屬衛將軍軍長安。

辛卯，帝自甘泉之高奴，因幸太原，見故群臣，皆賜之。舉功行賞，諸民里賜牛酒。復晋陽中都民三歲。留游太原十餘日。

注釋 ①敖：通『傲』，傲慢。

宋澄泥虎符硯

虎符最早是兵家的信物，分成兩半，合之如一可以證明身份，而後世逐漸把它作爲一種圖案廣泛應用。

宋澄泥虎符硯蓋外面圖

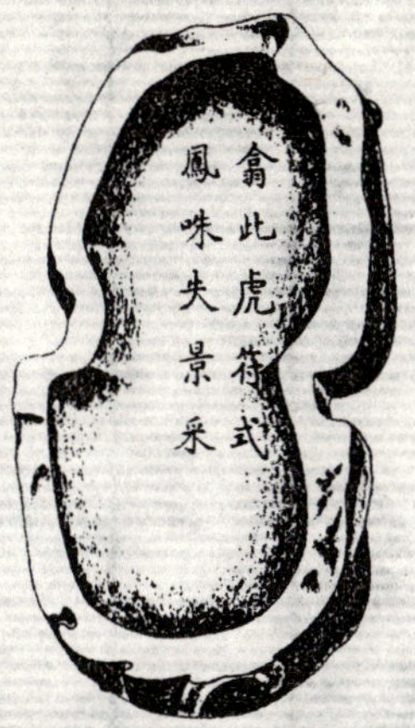

宋澄泥虎符硯蓋内面圖

譯文 三年十月三十日，發生了日食。十一月，文帝說：『前些時候曾下詔讓各位列侯回到自己的封國，有的人找借口不走。丞相是我所器重的，希望丞相爲我率領列侯回到封國。』絳侯周勃免去丞相職務，回到自己的封國。文帝任命太尉頴陰侯灌嬰爲丞相。取消了太尉這一官職，把太尉所掌的兵權歸屬於丞相。四月，城陽王劉章去世。淮南王劉長和他的隨從人員魏敬殺死了辟陽侯審食其。

五月，匈奴入侵北地郡，占據黄河以南，進行搶劫掠奪。文帝首次幸臨甘泉宫。六月，文帝說：『漢朝曾與匈奴結爲兄弟，目的是爲了不讓它侵害邊境，爲此給匈奴輸送了非常豐厚的物資。現在匈奴的右賢王離開他的國土，帶領部衆進駐在已經歸屬漢朝的黄河以南地區，一改原來的狀態，沒有任何正當理由就在邊塞地區出入往來，捕殺漢朝的官吏和士卒，驅逐保衛邊塞的少數民族，讓他們離開原來的居住地，欺凌邊防官吏，入侵內地搶劫，非常傲慢無道，破壞了先前的協約。現在調發邊境地區的官吏和騎兵八萬五千人前往高奴，派遣丞相潁陰侯灌嬰率領軍隊出擊匈奴。』匈奴撤離了邊塞。又徵調中尉屬下的勇武之卒歸屬衛將軍，駐扎在長安。

二十七日，皇帝從甘泉宮前往高奴，因爲順路，所以駕臨太原，接見原來代國的群臣，全都給以賞賜。根據功勞的大小給以不同的獎賞，賜給那裏的百姓牛和酒。免除晉陽、中都兩地百姓三年的徭役和賦稅。文帝在太原停留巡游了十多天。

原文 濟北王興居聞帝之代，欲往擊胡，乃反，發兵欲襲滎陽。於是詔罷丞相兵，遣棘蒲侯陳武爲大將軍，將十萬往擊之。祁侯賀爲將軍，軍滎陽。七月辛亥，帝自太原至長安。乃詔有司曰：『濟北王背德反上，詿誤吏民，爲大逆。濟北吏民兵未至先自定，及以軍地邑降者，皆赦之，復官爵。與王興居去來，亦赦之。』八月，破濟北軍，虜其王。赦濟北諸吏民與王反者。

譯文 濟北王劉興居得知皇帝到了代地，準備出擊匈奴，於是趁機起兵造反，調遣軍隊打算襲擊滎陽。於是文帝下令撤回丞相灌嬰的部隊，派遣蒲侯陳武爲大將軍，率領十萬軍隊前去討伐濟北王。任命祁侯繒賀爲將軍，駐扎在滎陽。七月十八日，文帝從太原回到長安，就對有關大臣下詔說：『濟北王違背道德，背叛皇帝，連累了濟北的官吏和百姓，這是大逆不道。濟北的官吏和百姓如果在大軍還沒有到達前，就自己停止反叛活動的，率部投降或獻出城邑投降的人，一律予以赦免，恢復原來的官職和爵位。那些開始跟隨濟北王劉興居一起反叛後來又投降了的人，也予以赦免。』八月，打垮了濟北的叛軍，俘虜了濟北王。文帝宣布赦免濟北國中跟隨濟北王一起造反的官吏和百姓。

淮南王劉安

淮南王劉安是漢高祖劉邦之孫，淮南厲王劉長之子。劉安好讀書鼓琴，潛心治國安邦，著書立說。劉安愛賢若渴，禮賢下士，淮南國都壽春成了文人薈萃的文化中心。劉安和衆門客爲後人留下了著名的《淮南子》（又名《淮南鴻烈》）。

徐廣曰：『漢書或作「郵」字，或直云「邛僰」。邛都乃本是西南夷，爾時未通嚴道，有邛僰山。』

納諫賜金

一次，漢文帝出行來到霸陵，見到路面順坡而下，想玩飛車的游戲，便叫駕馭的侍從快馬加鞭。隨行的中郎將袁盎及時勸阻了文帝的魯莽行爲，文帝重賞了袁盎。

原文　六年，有司言淮南王長廢先帝法，不聽天子詔，居處毋度，出入擬於天子，擅爲法令，與棘蒲侯太子奇謀反，遣人使閩越及匈奴，發其兵，欲以危宗廟社稷。群臣議，皆曰『長當棄市』。帝不忍致法於王，赦其罪，廢勿王。群臣請處王蜀嚴道、邛都，帝許之。長未到處所，行病死，上憐之。後十六年，追尊淮南王長謚爲厲王，立其子三人爲淮南王、衡山王、廬江王。

譯文　六年，官員們報告淮南王劉長廢棄了先帝的法令，不聽從皇帝的詔令，宮室居所超過規定的限度，出入時的車馬儀仗也比擬天子的規格，擅自制定法令，與棘蒲侯的太子陳奇圖謀造反，派人出使閩越和匈奴，調用他們的軍隊，企圖危害宗廟和國家。大臣們討論此事，都說『應當把劉長當街處死，暴尸示衆』。文帝不忍心依法懲處淮南王，赦免了他的死罪，廢除了他的王位。大臣們要求把淮南王流放到蜀郡的嚴道和邛都一帶，文帝同意了。劉長沒有到達流放地，就病死在路上，文帝很憐憫他。後來到十六年，追尊淮南王劉長謚號爲厲王，并加封了他的三個兒子：劉安爲淮南王、劉勃爲衡山王、劉賜爲廬江王。

原文　十三年夏，上曰：『蓋聞天道禍自怨起而福繇德興。百官之非，宜由朕躬。今祕祝之官移過於下，以彰吾之不德，朕甚不取。其除之。』

五月，齊太倉令淳于公有罪當刑，詔獄逮徙繫長安。太倉公無男，有女五人。太倉公將行會逮，罵其女曰：『生子不生男，有緩急非有益也！』其少女緹縈自傷泣，乃隨其父至長安，上書曰：『妾父爲吏，齊中皆稱其廉平，今坐法當刑。妾傷夫死者不可復生，刑者不可復

名意，爲齊太倉令，故謂之倉公也。

李奇曰：『本，農也。末，賈也。言農與賈俱出租無異也，故除田租。』

淳于緹縈

屬，雖復欲改過自新，其道無由也。妾願沒入爲官婢，贖父刑罪，使得自新。』書奏天子，天子憐悲其意，乃下詔曰：『蓋聞有虞氏之時，畫衣冠異章服以爲僇，而民不犯。何則？至治也。今法有肉刑三，而奸不止，其咎安在？非乃朕德薄而教不明歟？吾甚自愧。故夫馴道不純而愚民陷焉。詩曰「愷悌君子，民之父母」。今人有過，教未施而刑加焉？或欲改行爲善而道毋由也。朕甚憐之。夫刑至斷支體，刻肌膚，終身不息，何其楚痛而不德也，豈稱爲民父母之意哉！其除肉刑。』

上曰：『農，天下之本，務莫大焉。今勤身從事而有租稅之賦，是爲本末者毋以異，其於勸農之道未備。其除田之租稅。』

譯文

十三年夏天，文帝說：『我聽說禍從怨起、福由德興，這是天道。百官的過錯，應當由我一個人承擔責任。如今秘祝這樣的官員通過禱祝把我的過錯都推給下面的大臣，這使我的無德更加昭彰，我認爲這種做法非常不妥。應當廢棄這種做法。』

五月，齊國的太倉令淳于公犯了罪，應當受到刑罰，朝廷下詔讓獄官逮捕他，把他押解到長安拘禁。太倉令沒有兒子，衹有五個女兒。太倉令被捕臨走時，罵他的女兒說：『生孩子而沒有兒子，全是女兒的，遇到緊急情況就一點用處也沒有。』他的小女兒緹縈獨自傷心地哭起來，并跟隨太倉令到了長安。她向朝廷上書說：『我父親做官，齊國的人都稱贊他廉潔公平，如今因觸犯法律而應當受刑。我悲傷的是，已經死去的人不能再活過來，受了肉刑的人肢體斷了不可能再把肢體連接起來，雖然想改過自新，也沒有路可以走了。我願意被收入官府做奴婢，來抵贖父親應當承受的刑罰，使父親能夠改過自新。』緹縈的上書被送到了文帝那裏，文帝憐憫她的孝心，就下詔說：『聽說在有虞氏時期，衹

緹縈上書

是在罪犯的衣帽上畫上特別的圖形或顏色，然後讓罪犯穿上，使之與一般人不同，以此來羞辱他們，這樣民衆就不違犯法令了。這是什麼原因呢？因爲當時的政治極端清明。如今的法令中規定了刺面、割鼻、斷足三種肉刑，而作奸犯科的事情仍然不能禁止，過錯出在哪裏呢？不就是因爲我的德薄，教化不顯著的原因嗎？我自己感到很慚愧，所以訓導的方法不完善，愚昧無知的百姓就會走上犯罪的道路。《詩經》上說「平易近人的官員才是百姓的父母」。現在人們犯了罪過，還沒有進行教育就加以刑罰，那麼想要改過向善的人也沒有機會了。我非常憐憫他們。施用的刑罰之重，以至於斷裂肢體，刺刻犯人的肌膚，終身不能恢復，這是多麼令人痛苦而又不道德啊，作爲百姓的父母，哪裏符合爲人父母的心意呢？應該廢除肉刑。」

文帝說：「農業是天下的根本，沒有哪項事情比這更爲重要的了。現在農民辛勤地從事農業生產卻還要交納租稅，使得務農和從事手工業沒有區別，這是把務本和逐末的人沒加以區別，本末不分的原因恐怕是由於鼓勵農耕的方法還不完備。應該免除農田的租稅。」

原文　十四年冬，匈奴謀入邊爲寇，攻朝那塞，殺北地都尉卬。上乃遣三將軍軍隴西、北地、上郡，中尉周舍爲衛將軍，郎中令張武爲車騎將軍，軍渭北，車千乘，騎卒十萬。帝親自勞軍，勒兵申教令，賜軍吏卒。帝欲自將擊匈奴，群臣諫，皆不聽。皇太后固要帝，帝乃止。於是以東陽侯張相如爲大將軍，成侯赤爲內史，欒布爲將軍，擊匈奴。匈奴遁走。

徐廣曰：『姓孫。封其子單爲瓶侯。匈奴所殺。』

春，上曰：「朕獲執犧牲珪幣以事上帝宗廟，十四年於今，歷日綿長，以不敏不明而久撫臨天下，朕甚自愧。其廣增諸祀墠場珪幣。昔先王遠施不求其報，望祀不祈其福，右賢左戚，先民後己，至明之

五行之德，帝王相承傳易，終而復始，故云『終始傳五德之事』。傳音轉也。

極也。今吾聞祠官祝釐①，皆歸福朕躬，不爲百姓，朕甚愧之。夫以朕不德，而躬享獨美其福，百姓不與焉，是重吾不德。其令祠官致敬，毋有所祈。』

是時北平侯張蒼爲丞相，方明律曆。魯人公孫臣上書陳終始傳五德事，言方今土德時，土德應黃龍見，當改正朔服色制度。天子下其事與丞相議。丞相推以爲今水德，始明正十月上黑事，以爲其言非是，請罷之。

注釋 ①釐：通『禧』，吉祥，幸福。

譯文 十四年冬天，匈奴謀劃入侵邊境進行搶掠，攻打朝那塞，殺死了北地郡的都尉孫卬。文帝於是派遣了三位將軍分別駐扎在隴西、北地、上郡，任命中尉周舍爲衛將軍，郎中令張武爲車騎將軍，駐扎在渭水以北的地區，統率戰車一千輛，騎兵十萬。文帝親自慰勞士卒，訓練軍隊，申明訓令，獎賞全部將士。文帝想要親自帶兵反擊匈奴，大臣們紛紛勸阻，文帝一概不聽。皇太后堅決阻攔文帝，

龍

傳説中的龍的形象是衆多動物形象的集合體，比如：鹿角、馬頭、鷹爪等，一直是祥瑞的象徵。

十六年，上親郊見渭陽五帝廟，亦以夏答禮而尚赤。

十七年，得玉杯，刻曰『人主延壽』。於是天子始更爲元年，令天下大酺。其歲，新垣平事覺，夷三族。

譯文 十五年，有黃龍出現在成紀，文帝又一次召見魯地的公孫臣，任命他擔任博士，讓他重新闡明當今應爲土德的道理。於是文帝下達詔令說：『有一個怪異的神物出現在成紀，沒有傷害到百姓，今年的年成又很好。我要親自到郊外去祭祀天帝和諸神。掌管禮儀的官員們要商討一下所應舉行的禮儀，不要因爲怕我勞累而有所隱諱。』主管大臣和掌管禮儀的官員都說：『古時候的天子每年夏天親自到郊外依禮祭祀天帝，所

顧胤按：爾雅孤竹、北户、西王母、日下謂之四荒也。

戰國策云：『制海內，子元元，非兵不可。』

以稱爲「郊」（郊祀，郊祭）。』於是文帝第一次幸臨雍縣，郊祀五帝，在夏季的四月舉行祭禮。趙地人新垣平因爲善於望氣之術得以進見文帝，趁機勸說文帝在渭陽城脩建五帝廟。并預言這樣做會使周朝的傳國寶鼎出現，還會有玉石的精華出現。

十六年，文帝親自到渭陽城的五帝廟舉行郊祀，也在夏天舉行祭禮，決定崇尚紅色。

十七年，文帝得到一個玉杯，上面刻有『人主延壽』。於是文帝下詔把這一年改爲元年，下令天下百姓舉行盛大的聚會，盡情地設宴飲酒。就在同年，新垣平的詐騙行爲被發現，滅了他的三族。

原文　後二年，上曰：『朕既不明，不能遠德，是以使方外之國或不寧息。夫四荒之外不安其生，封畿之內勤勞不處，二者之咎，皆自於朕之德薄而不能遠達也。間者累年，匈奴并暴邊境，多殺吏民，邊臣兵吏又不能諭吾內志，以重吾不德也。夫久結難連兵，中外之國將何以自寧？今朕夙興夜寐，勤勞天下，憂苦萬民，爲之怛惕不安，未嘗一日忘於心，故遣使者冠蓋相望，結軼①於道，以諭朕意於單于。今單于反古之道，計社稷之安，便萬民之利，親與朕俱棄細過，偕之大道，結兄弟之義，以全天下元元之民。和親已定，始於今年。』

注釋　①軼：通『轍』，車輪壓出的痕迹。

譯文　後元二年，文帝說：『我并不英明，不能在遠方施以恩德，所以使得境外有些國家時常侵擾生事，不得安寧。邊遠地區的百姓不能安定地生活，內地的百姓辛勤勞苦，得不到歇息，這兩方面的過錯，都是由於我的德行不夠厚，不能使德澤惠及遠方。最近連續幾年，匈奴都來禍害邊境，殺死了很多官吏和百姓，邊境的官員和將領又不能明白我內心的意願，致使我的無德更加嚴重。這樣長期結下怨仇，兵禍不斷，中原內

露臺惜費

漢文帝是我國歷史上真正提倡節約的皇帝。史載他在位時，生活十分儉樸，經常身着粗袍，所居室內帷帳全無龍鳳紋飾，脩建的陵墓全用泥瓦。這從露臺惜費這件事也足夠看出。

外的國家怎麼能夠各自安寧呢？如今我早起晚睡，爲國事操勞，爲千千萬萬的百姓憂慮，心裏惶惶不安，不曾有一天忘記這件事情。所以我派出的使者絡繹不絕，多得道路上的禮帽車蓋前後相望，車轍的印迹互相盤結，爲的就是讓他們去向匈奴單于說明我的意願。現在單于已經回到了以往友好相處的道路上來了，他考慮國家的安寧，爲千萬民衆謀求利益，親自和我相約一起拋棄那些細小的過失，共同走在和平的大道上，結下兄弟般的情誼，以保全天下善良的百姓。和親的協議已經確定下來，從今年開始。』

原文 後六年冬，匈奴三萬人入上郡，三萬人入雲中。以中大夫令勉爲車騎將軍，軍飛狐；故楚相蘇意爲將軍，軍句注；將軍張武屯北地；河內守周亞夫爲將軍，居細柳；宗正劉禮爲將軍，居霸上；祝茲侯軍棘門：以備胡。數月，胡人去，亦罷。

天下旱，蝗。帝加惠：令諸侯毋入貢，弛山澤，減諸服御狗馬，損郎吏員，發倉庾以振貧民，民得賣爵。

漢文帝止輦受言

孝文帝從代來，即位二十三年，宮室苑囿狗馬服御無所增益，有不便，輒弛以利民。嘗欲作露臺，召匠計之，直百金。上曰：『百金中民十家之產，吾奉先帝宮室，常恐羞之，何以臺爲！』上常衣綈衣，所幸慎夫人，令衣不得曳地，幃帳不得文繡，以示敦樸，爲天下先。治霸陵皆以瓦器，不得以金銀銅錫爲飾，不治墳，欲爲省，毋煩民。南越王尉佗自立爲武帝，然上召貴尉佗兄弟，以德報之，佗遂去帝稱臣。與匈奴和親，匈奴背約入盜，然令邊備守，不發兵深入，惡煩苦百姓。吳王詐病不朝，就賜几杖。群臣如袁盎等稱說雖切，常假借用之。群臣如張武等受賂遺金錢，覺，上乃發御府金錢賜之，以愧其心，弗下吏。專務以德化民，是以海內殷富，興於禮義。

譯文

後元六年冬天，匈奴三萬人入侵上郡，三萬人入侵雲中。文帝任命中大夫令勉爲車騎將軍，駐扎在飛狐；任命原楚國丞相蘇意爲將軍，駐扎在句注；命將軍張武屯守北地；任命河內郡郡守周亞夫爲將軍，駐扎在細柳；任命宗正劉禮爲將軍，駐軍霸上；命令祝兹侯駐軍棘門，來共同防備匈奴。過了幾個月，匈奴人撤離，各路軍隊也撤了回來。

這一年天下大旱，全國發生了旱災，又蝗蟲爲災。文皇帝加恩於天下：命令諸侯不要向朝廷進貢，廢除對山林湖澤的禁令，減少各種供朝廷使用的服飾、車駕用具和游玩的狗馬等玩好之物，裁減朝廷官吏的人數，打開糧倉，賑濟貧苦百姓，允許民間買賣爵位。

孝文帝從代國來到京城，在位二十三年，宮室、苑囿、狗馬、服飾、車駕等等都沒有增加過，但凡有對百姓不便的事情，就予以廢止，從而便利百姓。文帝曾經打算修建一座高臺，招來工匠計算費用，需要用一百斤黃金。文帝說：『一百斤黃金相當於十戶中等人家的產業，我奉守先帝的宮室，時常擔心使先帝蒙羞，還修建這高臺幹什麼呢？』文帝平時穿着粗絲衣服，對他所寵愛的慎夫人，也不准許她穿的衣服拖到地面，所用的帷帳不准綉彩色花紋，以此來表示敦厚儉樸，爲天下人做了一個表率。文帝規定修建他的陵墓霸陵一律采用瓦器，不准許使用金、銀、銅、錫等金屬作裝飾，不修高大的墳墓，要節省一些，不去煩擾百姓。南越王尉佗自立爲武帝，文帝卻把他的兄弟招來，賜予了高官厚祿，報之以德，尉佗於是取消了帝號，臣服於漢朝。漢朝與匈奴和親，匈奴背約入侵，進行劫掠，然而文帝祇是命令邊塞加強守衛，不出兵深入匈奴腹地，唯恐給百姓帶來煩擾。吳王詭稱有病，不來京城朝見，文帝立刻賞賜他坐几和手杖，

却千里馬

漢文帝劉恒在位時，有人向他進獻一匹千里馬。文帝說：『天子出行，前有鸞旗導引，後有屬車簇擁。如果巡狩吉行，一天不過走五十里路程。率軍征戰，一天就祇有三十里。你讓我騎着千里馬，獨自一人跑在前面，往哪里去呢？』隨即頒詔，拒絕接受千里之駒。

以表示對他的關懷。群臣當中如袁盎等人進言説事雖然既尖鋭又急切，然而文帝常常寬容地采納他們的建議。大臣中如張武等人接受别人賄賂的金錢，被發現後，文帝就把自己府庫中的金錢賞賜給他們，用這種方法使他們内心感到慚愧，而不交給執法官吏治罪。文帝一心一意致力於用道德教化臣民，因此，四海之内，殷實富足，禮儀盛行。

原文

後七年六月己亥，帝崩於未央宫。遺詔曰：『朕聞蓋天下萬物之萌生，靡不有死。死者天地之理，物之自然者，奚可甚哀。當今之時，世咸嘉生而惡死，厚葬以破業，重服以傷生，吾甚不取。且朕既不德，無以佐百姓；今崩，又使重服久臨，以離寒暑之數，哀人之父子，傷長幼之志，損其飲食，絶鬼神之祭祀，以重吾不德也，謂天下何！朕獲保宗廟，以眇眇之身託於天下君王之上，二十有餘年矣。賴天地之靈，社稷之福，方内安寧，靡有兵革。朕既不敏，常畏過行，以羞先帝之遺德；維年之久長，懼於不終。今乃幸以天年，得復供養於高廟。朕之不明與嘉之，其奚哀悲之有！其令天下吏民，令到出臨三日，皆釋服。毋禁取婦嫁女祠祀飲酒食肉者。自當給喪事服臨者，皆無踐①。絰帶無過三寸，毋布車及兵器，毋發民男女哭臨宫殿。宫殿中當臨者，皆以旦夕各十五舉聲，禮畢罷。非旦夕臨時，禁毋得擅哭。已下，服大紅十五日，小紅十四日，纖七日，釋服。佗不在令中者，皆以此令比率從事。布告天下，使明知朕意。霸陵山川因其故，毋有所改。歸夫人以下至少使。』令中尉亞夫爲車騎將軍，屬國悍爲將屯將軍，郎中令武爲復土將軍，發近縣見卒萬六千人，發内史卒萬五千人，藏郭②穿復土屬將軍武。

乙巳，群臣皆頓首上尊號曰孝文皇帝。

太子即位於高廟。丁未，襲號曰皇帝。

如淳曰：『與，發聲也。得卒天年已善矣。』

注釋 ①踐：通『跣』，赤足。②郭：同『槨』，外棺。

九竅玉塞

九竅玉塞是填塞或遮蓋死者身上九孔竅的九件玉器。東晉葛洪《抱樸子》記載：『金玉在九竅則死者爲之不朽。』九竅玉塞與玉衣一樣是漢代厚葬的產物，漢代視死如視生，葬制奢華在這裏可見一斑。

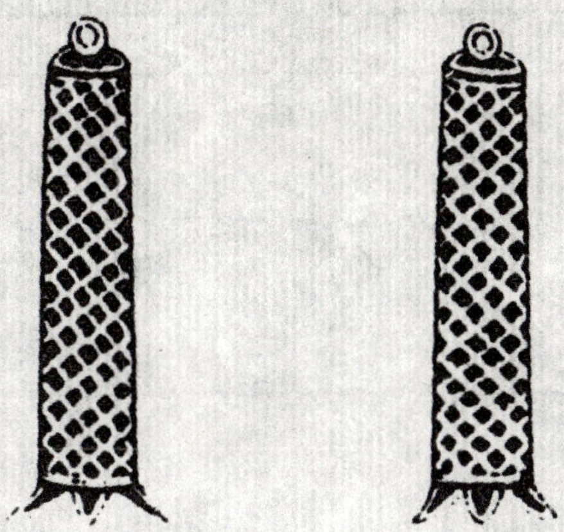

譯文 後元七年六月一日，文帝在未央宮去世。留下遺詔說：『我聽說天下萬物萌芽生長，最終沒有不死亡的。死亡是天地間的常理，是萬物的自然現象，不必覺得過分悲哀。當今世人都好生惡死，人死了還要用大量財物進行安葬，以致破盡家產，又長期服喪，以致使身體受損，這些做法我認爲是很不可取的。況且我生前沒有什麼德行，沒給百姓多少益處。現在死了，又讓人們長期服喪、哭吊，遭受嚴寒酷暑的折磨，使天下的父子爲我悲哀，損傷老幼的心靈，減少飲食，中斷對鬼神的祭祀，這樣做的結果是加重了我的無德，怎麼向天下百姓交代呢？我能夠奉守宗廟，憑着渺小的身軀凌駕於天下諸侯王之上，至今已有二十多年了。靠的是天地的神靈，社稷的福祉，才使得國內安寧，沒有戰亂。我并不聰敏，時常擔心行爲有過

失，使先帝遺留下來的美德蒙受恥辱；時間長了，更是唯恐不能善終。如今竟然僥幸地享盡天年，將被供養侍奉在高廟裏享受祭祀，我是這樣的不賢明，而能有如此好的結果，我認爲已經很好了，還有什麼可悲哀的呢？現在詔令天下官吏和百姓，詔令到達後衹哭喪三天，然後全部除去喪服。不要禁止娶妻、嫁女、祭祀鬼神和飲酒食肉。應該參加喪事、服喪哭吊的人，都不要赤足，服喪的麻袋寬度不要超過三寸，不要陳設車駕和兵器，不要動員民間男女來宮殿哭喪。宮中應當哭喪的人，衹需在每天的早晨和晚上各哭十五聲，行禮完畢後就停止；不是早晨和晚上應當哭喪的時刻，不准許擅自哭泣。下葬之後，按喪服制度應當穿大功喪服服喪九個月的衹服十五天，應當穿小功喪服服喪五個月的衹服十四天，應當穿細布喪服服喪三個月的衹服七天，期滿後就可以脫去喪服。其他沒有規定在遺命中的事項，全都參照這一遺命辦理。要把這道詔令布告天下，使天下人都明了我的心意。霸陵周圍的山川要保持原樣，不要有所改變。後宮中從夫人以下到少使，全都遣散回家。』朝廷任命中尉周亞夫爲車騎將軍，典屬國徐悍爲將屯將軍，郎中令張武爲復土將軍，徵調京城附近各縣現役士卒一萬六千人，又徵調內史所統領的現役士卒一萬五千人，歸將軍張武指揮，負責挖穴和填土，安葬棺椁。

應劭曰：『始取天下者爲祖，高帝稱高祖是也。始治天下者爲宗，文帝稱太宗是也。』

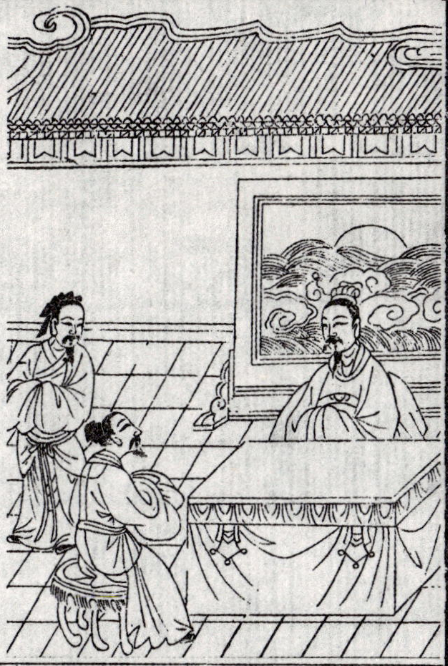

仁厚儉恕

漢文帝即位後，絶秦之迹，頒詔天下，除其亂法。肉刑不用，罪人不帑。誹謗不治，鑄錢者除。通關去塞，不孽諸侯。所爲天下興利除害，變法易故，以安海內者，大功數十，皆上世之所難及者。

六月七日，大臣們都叩首至地，對去世的皇帝奉上謚號，尊稱爲孝文皇帝。

太子劉啓在高廟即位，六月九日襲號爲皇帝。

原文　孝景皇帝元年十月，制詔御史：『蓋聞古者祖有功而宗有德，制禮樂各有由。聞歌者，所以發德也；舞者，所以明功也。高廟酎，奏武德、文始、五行之舞。孝惠廟酎，奏文始、五行之舞。孝文皇帝臨天下，通關梁，不異遠方。除誹謗，去肉刑，賞賜長老，收恤孤獨，以育群生。減嗜欲，不受獻，不私其利也。罪人不帑，不誅無罪。除宮刑，出美人，重絕人之世。朕既不敏，不能識。此皆上古之所不及，而孝文皇帝親行之。德厚侔天地，利澤施四海，靡不獲福焉。明象乎日月，而廟樂不稱。朕甚懼焉。其爲孝文皇帝廟爲昭德之舞，以明休德。然後祖宗之功德著於竹帛，施於萬世，永永無窮，朕甚嘉之。其與丞相、列侯、中二千石、禮官具爲禮儀奏。』丞相臣嘉等言：『陛下永思孝道，立昭德之舞以明孝文皇帝之盛德。皆臣嘉等愚所不及。臣謹議：世功莫大於高皇帝，德莫盛於孝文皇帝，高皇廟宜爲帝者太祖之廟，孝文皇帝廟宜爲帝者太宗之廟。天子宜世世獻祖宗之廟。郡國諸侯宜各爲孝文皇帝立太宗之廟。諸侯王列侯使者侍祠天子，歲獻祖宗之廟。請著之竹帛，宣布天下。』制曰：『可。』

譯文　孝景皇帝元年十月，下詔給御史說：『我聽說古代帝王中有取得天下之功的稱爲「祖」，有治理天下之德的稱「宗」，制定禮儀、音樂各有一定的依據。又聽說歌是用來頌揚德行的，舞是用來顯

孔安國曰：『三十年曰世。如有受命王者，必三十年仁政乃成。』

示功績的，在高廟獻酒祭祀，表演《武德》、《文始》、《五行》等舞蹈。在孝惠廟獻酒祭祀，表演《文始》、《五行》之舞。孝文皇帝治理天下，開放了關塞津梁，使之暢通無阻，遠處近處同等對待；廢除了誹謗罪，取消了肉刑，賞賜老人，收養撫恤少無父母和老而無子的貧苦人，以此來養育天下衆生。他減少嗜欲，不接受臣下進獻的物品，不私自占有這些利益。處置犯罪的人，不收没他的妻子兒女，不株連無罪的人。廢除宫刑，放出後宫美人，對斷絶後嗣這件事很重視。我并不聰敏，對這一切不能完全認識。實際上，這些事情都是古代帝王做不到的，而孝文皇帝卻親自實行了。他的功德顯赫，浩大如同天地，恩惠廣施，遍及四海，没有哪個人不曾得到他的恩惠。他的光輝宛如日月，在廟中祭祀時所采用的樂舞并不相稱，對此我很恐懼不安。應該爲孝文皇帝廟製作《昭德》舞，用來表彰他的美德。然後將祖宗的功德記載在史册上，流傳萬世，永無盡頭，我很贊成這種做法。此事交給丞相、列侯、俸禄爲中兩千石的官員和掌管禮制的官員共同擬定禮儀奏上。」丞相申徒嘉等人説：「陛下始終想着孝敬先帝，製作《昭德》之舞來顯示孝文皇帝的顯赫功德，這都是我們這些臣子們由於愚昧而想不到的。我們這些臣子恭謹地建議：世間論功勞就没有大過高皇帝的，論德業就没有勝過孝文皇帝的，高皇帝廟應當作爲本朝帝王的太祖廟，孝文皇帝廟應當成爲本朝帝王的太宗廟。後代天子應當世世代代地祭祀太祖廟和太宗廟。各郡和各國諸侯都應當爲孝文皇帝建立太宗廟。每年朝廷祭祀時，諸侯王和列侯都要按時派使者隨從陪侍天子祭祀，天子每年都要祭祀太祖廟和太宗廟。請把這些規定明文記載下來，向天下公布。」景帝下令説：「可以。」

原文 **太史公曰：孔子言『必世然後仁。善人之治國百年，亦可以勝殘去殺』。誠哉是言！漢興，至孝文四十有餘載，德至盛也。廩廩鄉改正服封禪矣，謙讓未成於今。嗚呼，豈不仁哉！**

譯文 太史公説：孔子説『治理國家一定要經過三十年才能施行仁政。一個有德的人治理國家一百年，也可以克服殘暴，廢除刑殺』。這話説得非常正確啊！從漢朝建立到孝文皇帝經過了四十多年，德政已達到了興盛的極點。孝文皇帝已經漸漸地接近脩改曆法、確定服色和舉行封禪這一目標了，可是由於他的謙讓，至今尚未完成。啊，這難道不就是仁德嗎？

賞析 這篇本紀一個突出的特點就是記錄了許多文帝的詔書，『且所行政事，又足以副之，非託諸空言者比也』。以此直透核心，表現文帝的賢德。這些詔書一方面反映了文帝治天下的才能，一方面反映出文帝仁愛的內心世界和儉樸的思想品格。而後者更能感染打動讀者。如廢除連坐法和肉刑的兩個詔令，就體現了文帝不株連無辜、不摧殘肉體的人道精神。再如遺列侯之國、罷衛將軍軍等詔令，以及遺詔，都貫穿着文帝不勞苦百姓和節省財力的用心。詔令大多以『上曰』的形式出現，口吻眞實，感情誠摯，說得入情入理，對於展現文帝『專務以德化民』的內心世界起了重要作用。

本篇沒有扣人心弦的緊張情節和場面，作者衹是用舒緩的語調，按照年代順序選擇關鍵事件娓娓道來，給人一種從容不迫的感覺，同時也包含了作者對一代明君的追慕和向往之情。如一開始描寫文帝即位和立太子的過程中，表現了他的周詳慎重和謙讓。又如寫緹縈上書救父，寫文帝取消脩建露臺的打算，以及對南越王、吳王劉濞等人的以德報怨，對匈奴的或戰或和，既強硬又不失靈活等等，都表現了文帝的仁愛、寬厚和以國家、百姓的安寧爲重。

在這篇本紀的結尾，作者還巧妙地用景帝之詔，群臣之議，以『功莫大於高皇帝，德莫大於孝文皇帝』表現了司馬遷的贊頌之情；本紀最後，作者滿懷深情地發出了『廩廩鄉改正服封禪矣，謙讓未成於今』的感嘆。

漢文帝與其子景帝兩代在舊史上并稱爲文景之治，他提倡農耕，免農田租稅，減輕刑罰，從本質上說都是爲了維護和鞏固漢王朝的統治。在經歷了戰國至秦末的長期戰亂之後，這些對經濟的恢復和政治的穩定都起了積極的作用。而他的仁厚、儉樸，截然不同於暴君，自然成爲人們心目中理想的明君聖主，司馬遷對他的褒揚，也正是這種思想感情的反映。

集評 【索隱述贊】孝文在代，兆遇大橫。宋昌建冊，絳侯奉迎。南面而讓，天下歸誠。務農先籍，布德偃兵。除帑削謗，政簡刑清。綈衣率俗，露臺罷營。法寬張武，獄恤緹縈。霸陵如故，千年頌聲。

謚法曰：『繇義而濟曰景。』

漢書功臣表及蕭何傳皆云封何孫嘉，疑其人有二名也。

孝景本紀

題解 《孝景本紀》選自《史記》卷十一，本紀第十一。這篇本紀以大事記的形式，簡略地記録了漢景帝劉啓在位十六年間所發生的要事。本篇是本紀中篇幅很短的一篇。

原文 孝景皇帝者，孝文之中子也。母竇太后。孝文在代時，前后有三男，及竇太后得幸，前后死，及三子更死，故孝景得立。

元年四月乙卯，赦天下。乙巳，賜民爵一級。五月，除田半租，爲孝文立太宗廟。令群臣無朝賀。匈奴入代，與約和親。

二年春，封故相國蕭何孫係爲武陵侯。男子二十而得傅。四月壬午，孝文太后崩。廣川、長沙王皆之國。丞相申屠嘉卒。八月，以御史大夫開封陶青爲丞相。彗星出東北。秋，衡山雨雹，大者五寸，深者二尺。熒惑逆行，守北辰。月出北辰間。歲星逆行天廷中。置南陵及內史、祋祤爲縣。

漢景帝

譯文 孝景皇帝是孝文皇帝排行在中間的兒子。他的母親是竇太后。孝文皇帝在代國之時，前任王后曾生了三個男孩，到了竇太后得寵時，前任王后去世，她的三個兒子也陸續死去，因此孝景皇帝得以嗣位。

景帝元年四月二十二日，大赦天下，賜給百姓每戶戶主一級爵位。到了五月，減免全國農戶一半的田租，并爲孝文皇帝建立了太宗廟。要求大臣們不再上朝拜賀。允許匈奴進到代地，和匈奴約定和親。

第二年春，冊封以前的相國蕭何之孫蕭係爲武陵侯。規定男子到了二十歲時要記錄在冊。四月二十五日，孝文太后逝世。廣川王、長沙王都趕去自己的封國。丞相申屠嘉去世。八月時，任命御史大夫開封侯陶青爲丞相。彗星在東北方出現。到了秋

韋昭云：『平陸，西河縣。禮即向之從曾祖王父也。』

天，衡山下的冰雹像雨一樣，最大的冰雹直徑可達五寸，最深的地方可達二尺。熒惑反向運行，到了北辰的位置。月亮在北辰中間出現。歲星在天庭中反着運行。將南陵和內史設置成縣。

原文　三年正月乙巳，赦天下。長星出西方。天火燔雒陽東宮大殿城室。吳王濞、楚王戊、趙王遂、膠西王卬、濟南王辟光、菑川王賢、膠東王雄渠反，發兵西鄉。天子爲誅晁錯，遣袁盎諭告，不止，遂西圍梁。上乃遣大將軍竇嬰、太尉周亞夫將兵誅之。六月乙亥，赦亡軍及楚元王子蓺等與謀反者。封大將軍竇嬰爲魏其侯。立楚元王子平陸侯禮爲楚王。立皇子端爲膠西王，子勝爲中山王。徙濟北王志爲菑川王，淮陽王餘爲魯王，汝南王非爲江都王。齊王將廬、燕王嘉皆薨。四年夏，立太子。立皇子徹爲膠東王。六月甲戌，赦天下。後九月，更以易陽爲陽陵。復置津關，用傳出入。冬，以趙國爲邯鄲郡。五年三月，作陽陵、渭橋。五月，募徙陽陵，予錢二十萬。江都大暴風從西方來，壞城十二丈。丁卯，封長公主子蟜爲隆慮侯。徙廣川王爲趙王。

譯文　三年正月二十二日，景帝大赦天下。有很長光芒的星在西方出現。天火燒壞了洛陽東宮的大殿和城樓。吳王劉濞、楚王劉戊、趙王劉遂、膠西王劉卬、濟南王劉辟光、菑川王劉賢、膠東王劉雄渠發動叛亂，起兵向西方進發。景帝爲安撫反叛的各王而殺掉了晁錯，派遣袁盎通告七國，但七國仍不罷兵，繼續向西，圍住了梁國。因此景帝派大將軍竇嬰和太尉周亞夫率軍討伐，消滅了他們。六月二十五日，景帝赦免了戰敗逃跑的士卒和楚元王的兒子劉藝等參與謀反的人。冊封大將軍竇嬰爲魏其侯。立楚元王的兒子平陸侯劉禮爲楚王。立皇子劉端爲膠西王，皇子劉勝爲中山王。改封濟北王劉志爲菑川王，淮陽

吳王劉濞

劉濞是劉邦的侄子。封吳王。他在封國內大量鑄錢、煮鹽，減輕賦役，以招納其他郡國亡人和『任俠奸人』，擴張勢力。後來景帝采御史大夫晁錯建議，削奪王國封地，他以誅晁錯爲名，聯合楚趙等國叛亂，不久失敗，逃東越，爲東越人所殺。

王劉餘爲魯王，汝南王劉非爲江都王。齊王劉將廬、燕王劉嘉都去世了。

四年夏天，立皇太子。立皇子劉徹爲膠東王。六月二十九日，大赦天下。閏九月，把弋陽改名爲陽陵。重新在渡口和關口設置關卡，憑借符信才能出入。冬天的時候，改趙國爲邯鄲郡。

五年的三月，修築陽陵和渭橋。當年五月，撥錢二十萬，招募各地百姓遷往陽陵。江都地區遭到西邊刮來的大風暴侵襲，毀壞了城牆達十二丈。二十八日，景帝封他的姐姐長公主的兒子爲隆慮侯。改封廣川王爲趙王。

原文

六年春，封中尉綰爲建陵侯，江都丞相嘉爲建平侯，隴西太守渾邪爲平曲侯，趙丞相嘉爲江陵侯，故將軍布爲鄃侯。梁楚二王皆薨。後九月，伐馳道樹，殖蘭池。

七年冬，廢栗太子爲臨江王。十月晦，日有食之。春，免徒隸作陽陵者。丞相青免。二月乙巳，以太尉條侯周亞夫爲丞相。四月乙巳，立膠東王太后爲皇后。丁巳，立膠東王爲太子。名徹。

周亞夫

周亞夫，西漢時期的著名將軍，漢初大將周勃之子。智謀過人，被漢文帝譽爲真將軍。吳楚叛亂，他率軍乘梁，斷敵糧道，三個月平定叛軍，以治軍嚴整而享有盛名。

中元年，封故御史大夫周苛孫平爲繩侯，故御史大夫周昌孫左車爲安陽侯。四月乙巳，赦天下，賜爵一級。除禁錮。地動。衡山、原都雨雹，大者尺八寸。

中二年二月，匈奴入燕，遂不和親。三月，召臨江王來。即死中尉府中。夏，立皇子越爲廣川王，子寄爲膠東王。封四侯。九月甲戌，日食。

譯文

六年春天，冊封中尉衛綰爲建陵侯，封江都國丞相程嘉爲建平侯，隴西郡太守公孫渾邪爲平曲侯，趙國丞相蘇嘉爲江陵侯。梁王、楚王都去世了。閏九月，砍掉了馳道兩旁的樹木，填平了蘭池。

彗星

七年冬天，廢除了栗太子劉榮，封他做了臨江王。十一月最後一天時，發生日食。春天，赦免并釋放了脩築陽陵的囚犯和奴隸。丞相陶青被免職。二月十六日，任命太尉條侯周亞夫爲丞相。四月十七日，冊立膠東王的母親爲皇后。二十九日，冊立膠東王爲太子。太子的名字叫徹。

中元元年，冊封前御史大夫周苛的孫子周平爲繩侯，前御史大夫周昌的孫子周左車爲安陽侯。四月二十三日，大赦天下，賜予百姓每戶戶主爵位一級。廢除不准商人、入贅女婿做官和不准犯過罪的官吏重新做官的規定。發生地震。衡山、原都地區下了冰雹，最大的直徑可達一尺八寸。

中元二年二月，匈奴侵入燕地，朝廷因此斷絕與匈奴和親。三月，下令召臨江王劉榮來都城問罪，他很快就死在了中尉郅都的府第中。夏天，冊立皇子劉越爲廣川王，皇子劉寄爲膠東王。分封了四個列侯。九月三十日，發生日食。

原文

中三年冬，罷諸侯御史中丞。春，匈奴王二人率其徒來降，皆封爲列侯。立皇子方乘爲清河王。三月，彗星出西北。丞相周亞夫免，以御史大夫桃侯劉舍爲丞相。四月，地動。九月戊戌晦，日食。軍東都門外。

中四年三月，置德陽宮。大蝗。

中五年夏，立皇子舜爲常山王。封十侯。六月丁巳，赦天下，賜爵一級。天下大潦①。更命諸侯丞相曰相。秋，地動。

注釋

①潦：同『澇』，雨多成災。

譯文

中元三年冬天，廢除了諸侯王國中御史中丞一職。春天，匈奴的兩個王率領自己的部衆前來歸降，都被封爲列侯。冊立皇子劉方乘爲清河王。三月，彗星出現在天空的西北方。丞相周亞夫被免職。任命御史大夫桃侯劉舍爲丞相。四月，發生地震。九月最後一天戊戌日，發生了日食。軍隊就在京城的東都門外駐扎。

中元四年三月，脩建德陽宫。發生了大蝗災。秋天，赦免建造陽陵的囚犯。

中元五年夏天，冊立皇子劉舜爲常山王。分封了十個人爲侯。六月二十九日，大赦天下，賜予百姓每戶戶主爵位一級。全國範圍內發生嚴重澇災。將諸侯國的丞相改稱爲相。秋天，發生地震。

原文

中六年二月己卯，行幸雍，郊見五帝。三月，雨雹。四月，梁孝王、城陽共王、汝南王皆薨。立梁孝王子明爲濟川王，子彭離爲濟東王，子定爲山陽王，子不識爲濟陰王。梁分爲五。封四侯。更命廷尉爲大理，將作少府爲將作大匠，主爵中尉爲都尉，長信詹事爲長信少府，將行爲大長秋，大行爲行人，奉常爲太常，典客爲大行，治粟內史爲大農。以大內爲二千石，置左右內官，屬大內。七月辛亥，日食。八月，匈奴入上郡。

後元年冬，更命中大夫令爲衛尉。三月丁酉，赦天下，賜爵一級，中二千石、諸侯相爵右庶長。四月，大酺。五月丙戌，地動，其蚤食時復動。上庸地動二十二日，壞城垣。七月乙巳，日食。丞相劉舍免。八月壬辰，以御史大夫綰爲丞相，封建陵侯。

譯文

中元六年二月二十五日，景帝親自來到雍縣，在郊外祭祀五帝廟。三月，下了冰雹。四月，梁孝王、城陽共王和汝南王都去世了。分別立梁孝王的兒子劉明爲濟川王，劉彭離爲濟東王，劉定爲山陽王，劉不識爲濟陰王。把原來的梁國一分爲五。封了四人爲列侯。把廷尉這個官職改名爲大理，將作少府改名爲將作大匠，主爵中尉則改名叫都尉，長信詹事改名爲長信少府，將行改名叫大長秋，大行改名爲行人，奉常改名叫太常，典客改名爲大行，治粟內史改名爲大農。將主管大內倉庫的大內定爲兩千石級別的官員，設置左、右內官，使其隸屬於大內。七月二十九日，有日食發生。八月，匈奴入侵上郡地區。

後元元年冬天，將中大夫令改名爲衛尉。三月十九日，大赦天下，賜予百姓每戶戶主爵位一級，

郅，真栗反。郅都傳云匈奴刻木爲郅都而射，不中。

天廷即龍星右角也。按：石氏星傳曰『龍在左角曰天田，右角曰天廷』。

賜給中兩千石的官員和諸侯國的相以右庶長的爵位。四月，下令特許百姓聚會飲酒。五月九日，有地震發生，早飯時又震。上庸縣地震連續二十二天，城牆被震壞。七月二十九日，發生日食。丞相劉舍被免職。八月壬辰日，任命御史大夫衛綰爲丞相，冊封爲建陵侯。

原文 後二年正月，地一日三動。郅將軍擊匈奴。酺五日。令內史郡不得食馬粟，沒入縣官。令徒隸衣七緵布。止馬舂。爲歲不登，禁天下食不造歲。省列侯遣之國。三月，匈奴入鴈門。十月，租長陵田。大旱。衡山國、河東、雲中郡民疫。

後三年十月，日月皆食赤五日。十二月晦，袴。日如紫。五星逆行守太微。月貫天廷中。正月甲寅，皇太子冠。甲子，孝景皇帝崩。遺詔賜諸侯王以下至民爲父後爵一級，天下戶百錢。出宮人歸其家，復無所與。太子即位，是爲孝武皇帝。三月，封皇太后弟蚡爲武安侯，弟勝爲周陽侯。置陽陵。

冠與巾

冠禮是古代嘉禮的一種，爲漢族男子的成年禮。儀式上先加緇布冠，次授以皮弁，最後授以爵弁。

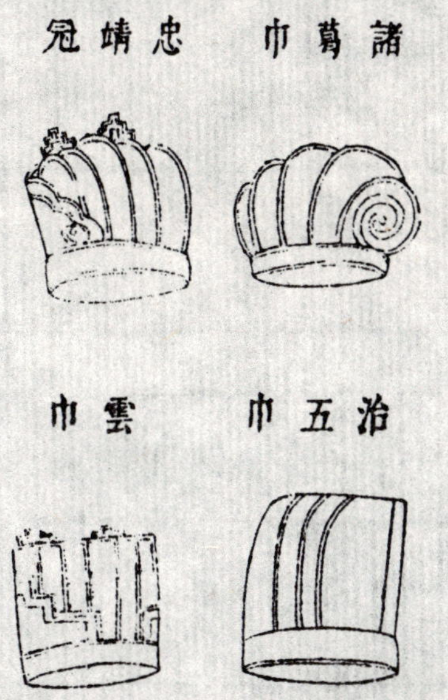

譯文 後元二年正月，一天之內接連發生三次地震。郅都將軍率軍回擊匈奴。下令允許百姓聚會飲酒五日。詔令內史和各郡不准以糧食餵馬，違者將其馬匹收歸官府。規定罪犯和奴隸穿很粗劣的衣服。嚴禁用馬舂米。由於當年糧食歉收，詔令天下百姓不准在一年內就將當年收穫的口糧吃完。削減駐京的列侯，讓他們都回到自己的封國。三月，匈奴侵入雁門郡。十月，把高祖陵墓長陵周圍的耕地租給農民耕種。發生大旱災。衡山國、河東郡和雲中郡都發生了瘟疫。

後元三年十月，有日食和月食發生，太陽和月亮連續五天呈現紅色。十二月的最後一天，發生雷震。太陽變成紫色。五大行星倒轉運行，在太微垣區域。月亮橫着穿過天庭。正月十七甲寅日，皇太子劉徹舉行加冠典禮。二十七日，孝景皇帝

主父偃上言，今天子下推恩之令，令諸侯各得分邑其子弟，於是遂弱，卒以安也。

逝世。遺詔賜給諸侯王以下一直到百姓應該繼承父業的人每人爵位一級，全國百姓每戶一百錢。遺散後宮宮女回家，而且免除了他們終身的賦稅和徭役。太子即位爲帝，就是孝武皇帝。三月，冊封皇太后的弟弟田蚡爲武安侯，田勝爲周陽侯。并把景帝的靈柩安置在陽陵。

原文 **太史公曰：漢興，孝文施大德，天下懷安，至孝景，不復憂異姓，而晁錯刻削諸侯，遂使七國俱起，合從而西鄉，以諸侯太盛，而錯爲之不以漸也。及主父偃言之，而諸侯以弱，卒以安。安危之機，豈不以謀哉？**

譯文 太史公說：漢興之後，孝文皇帝廣施恩德，天下百姓得以懷恩而安寧。到了孝景皇帝時，已經無需再憂慮異姓諸侯王的反叛了。但是晁錯建議大力削奪同姓諸侯王的封地，因此使得吳、楚七國一同起兵反叛，聯合向西進攻朝廷。這是因爲當時的諸侯王勢力太過強大，而晁錯又沒有采取漸漸削弱的方法。待到主父偃提出准許諸侯王分封自己的子弟爲侯的建議，孝武帝采納了，才使諸侯王的勢力漸漸衰弱，國家終於安定了下來。所以說，國家安危的關鍵，難道不得依靠謀略嗎？

賞析 作者對景帝的功績基本上是肯定的。本紀雖然記載簡略，但從中仍可看出景帝在基本國策上對文帝的繼承和發展。如『除禁錮』的寬鬆政策、『省列侯遣之國』等節儉措施，以及遺詔中『出宮人歸其家』的善舉等等。尤其對景帝果斷平定吳楚七國之亂和鼓勵農業生產、穩定局勢等做了肯定的記錄。《太史公自序》說：『諸侯驕恣，吳首爲亂，京師行誅，七國伏辜，天下翕然，大安殷富。作《孝景本紀》。』這篇本紀基本上體現了這個思想。較之前篇，《孝文本紀》詳載詔書德澤，而《孝景本紀》祇書年月。這一詳一略，說明二帝在作者心目中的分量相距頗大。實際上所謂『文景之治』的主要功績應屬於文帝，而且在對百姓的仁愛、對臣屬的寬厚等方面，景帝也是遠不及文帝的。這篇本紀行文省儉的另一個原因，恐怕還在於作者對景帝之子、當朝執政的武帝心存戒懼，唯恐言多語失，招致更大的禍患。雖然這篇本紀未見直書景帝之過的文字，但從他篇中還是可以看到作者對景帝在用人方面的批判。如在《絳侯周勃世家》中記載了景帝意氣用事，致使敢於直言諍諫、平定七國之亂的大功臣周亞夫受辱含冤絕食而死；在《袁盎晁錯列傳》中記載了頗有遠見、爲朝廷的利益出謀劃策的晁錯，最後卻成了景帝退敵的犧牲品。作者沒有因爲景帝之功，而漏書其過，對他的不仁不義之舉，還是給予了相當尖銳的批判。這篇本紀篇末的贊語衹論及七國之亂一事，表面上指責晁錯削奪諸侯封地操之過急，實際上暗刺景帝審時不明，謀劃不周。

集評【索隱述贊】景帝即位，因脩靜默。勉人於農，率下以德。制度斯創，禮法可則。一朝吳楚，乍起凶慝。提局成釁，拒輪致惑。晁錯雖誅，梁城未克。條侯出將，追奔逐北。坐見梟黥，立翦牟賊。如何太尉，後卒下獄。惜哉明君，斯功不錄！

孔子世家

題解《孔子世家》選自《史記》卷四十七，世家第十七。孔子是我國古代著名的思想家、教育家，儒家學派的創始人。司馬遷認爲孔子是文化領袖，其社會地位不遜於諸侯，故將其傳記列入世家中。《孔子世家》詳細地記述了孔子的生平活動及各方面的成就，是研究孔子生平思想的一篇重要文章。

原文 孔子生魯昌平鄉陬邑。其先宋人也，曰孔防叔。防叔生伯夏，伯夏生叔梁紇。紇與顏氏女野合①而生孔子，禱於尼丘得孔子。魯襄公二十二年而孔子生。生而首上圩頂，故因名曰丘云。字仲尼，姓孔氏。

丘生而叔梁紇死，葬於防山。防山在魯東，由是孔子疑其父墓處，母諱之也。孔子爲兒嬉戲，常陳俎豆，設禮容。孔子母死，乃殯五父之衢，蓋其愼也。陬②人輓父之母誨孔子父墓，然後往合葬於防焉。

徐廣曰：『陬音騶。孔安國曰「陬，孔子父叔梁紇所治邑」。』

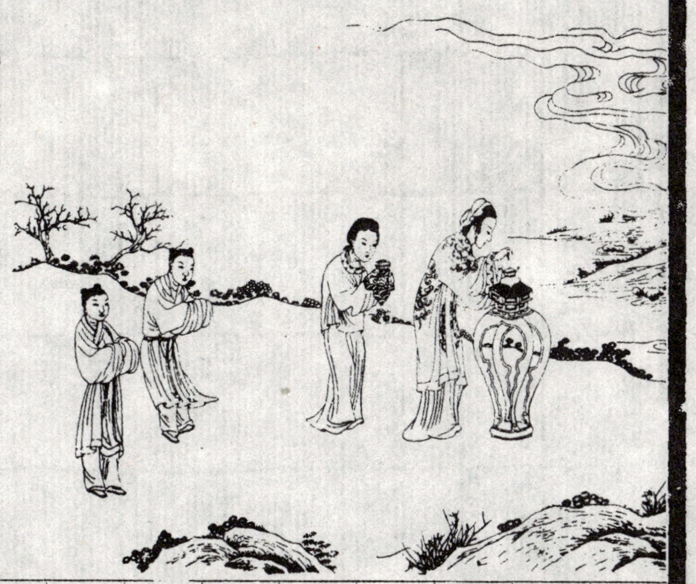

尼山致禱

孔子的母親顏徵在於尼丘山祈禱，後來生了孔子，孔子生來頭頂中間低四周高，形似尼丘山，所以名丘，字仲尼。

孔子要③絰，季氏饗士，孔子與往。陽虎絀④曰：『季氏饗士，非敢饗子也。』孔子由是退。

孔子年十七，魯大夫孟釐子病且死，誡其嗣懿子曰：『孔丘，聖人之後，滅於宋。其祖弗父何始有宋而嗣讓厲公。及正考父佐戴、武、宣公，三命茲益恭，故鼎銘云：「一命而僂，再命而傴，三命而俯，循牆而走，亦莫敢余侮。饘於是，粥於是，以餬余口。」其恭如是。吾聞聖人之後，雖不當世，必有達者。今孔丘年少好禮，其達者歟？吾即沒，若必師之。』及厘子卒，

懿子與魯人南宮敬叔往學禮焉。是歲，季武子卒，平子代立。

注釋 ①野合：據《索隱》、《正義》解釋，叔梁紇與徵在成婚時已超過六十四歲，而徵在年齡尚小，二人年齡相差懸殊，此種婚姻在當時不合禮法，故謂野合。②陬：陬邑。③要：通『腰』。④絀：通『黜』，排除，貶退。

譯文 孔子出生在魯國昌平鄉的陬邑，他的先人是宋國人，名字是孔防叔。防叔生伯夏，伯夏生叔梁紇。叔梁紇和一位姓顏的女子野合生下了孔子，他們來到尼丘山祈禱之後就生下了孔子。魯襄公二十二年時，孔子出生。孔子剛出生時，頭頂中間較低，四周較高，所以就取名叫丘。字仲尼，爲孔姓。

孔子出生之後，叔梁紇就死了，埋葬在了防山。防山位於魯國的東部，因而孔子并不知曉父親的墳墓所在何處，他的母親將這件事隱瞞了起來。孔子小時候嬉戲游玩之時，常陳列一些俎豆之類的禮器，舉行禮儀。孔子的母親死後，就裝殮在五父之衢，出於慎重并未埋葬。陬邑人輓父的母親告知孔子他父親的墓地所在，孔子這才把母親與父親合葬在了防山。

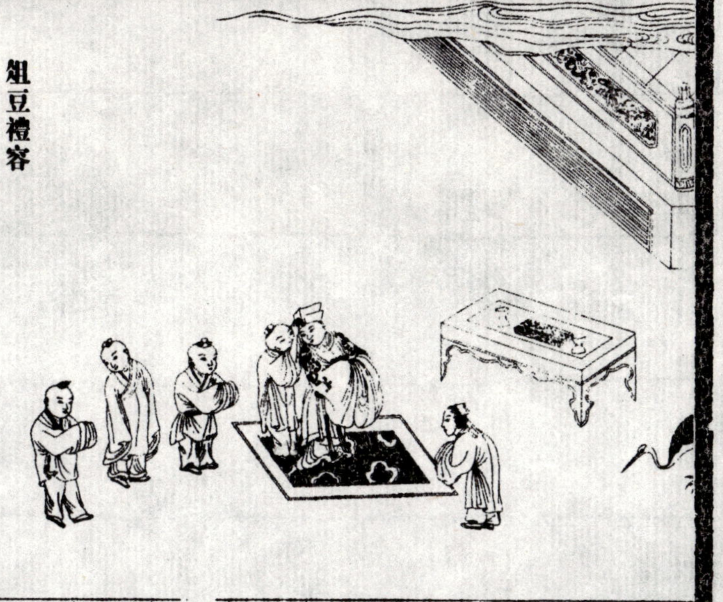

俎豆禮容

孔子兒時，和其他兒童做游戲，擺上俎豆等禮器，演習禮儀，與其他兒童大不一樣，是因爲他天生不學而能。衆兒童仿效他，也揖讓有禮。

孔子的腰裏還繫有孝麻帶時，季氏設宴款待名士，孔子前去參加。陽虎驅趕他說：『季氏設宴款待名士，沒有敢請你來。』孔子由此就退了出來。

孔子十七歲時，魯國的大夫孟釐子病入膏肓將要死去，他告誡他的兒子懿子說：『孔丘這個人是聖人的後人，他的先人隨着宋國滅亡。他的先祖弗父何當初應該繼位爲宋國國君，但卻將君位讓給了他的弟弟厲公。等到正考父時，輔佐了戴公、武公和宣公，雖然三次受命卻越發恭謹，因此所鑄的鼎的銘文上就說：「第一次受命時曲着身體接受，第二次受命時彎着腰接受，第三次受命時俯下身體接受。走路時也謙遜地沿着牆走，也沒有人敢來欺侮我。煮稠一點的粥用這個鼎，煮稀一點的粥也用這個鼎，靠它來糊口度日。」他的恭謹已經到了這樣的程度。我聽人說聖人的後人，雖不一定能掌控大權，但肯定會顯達。現在孔丘年紀尚少卻愛好禮儀，那個要顯達的人就是他吧？我就要死了，你必須要以師禮侍奉孔丘。』等到釐子去世，懿子與魯國人南宮敬叔來到孔子那裏學習禮儀。當年，季武子死去，季平子代替他即位。

原文 孔子貧且賤。及長，嘗爲季氏史，料量平；嘗爲司職吏而畜蕃息。由是爲司空。已而去魯，斥乎齊，逐乎宋、衛，困於陳蔡之間，於是反魯。孔子長九尺有六寸，人皆謂之『長人』而異之。魯復善待，由是反魯。

魯南宮敬叔言魯君曰：『請與孔子適周。』魯君與之一乘車，兩馬，一豎子俱，適周問禮，蓋見老子云。辭去，而老子送之曰：『吾聞富貴者送人以財，仁人者送人以言。吾不能富貴，竊仁人之號，送子以言，曰：「聰明深察而近於死者，好議人者也。博辯廣大危其身者，發人之惡者也。爲人子者毋以有己，爲人臣者毋以有己。」』孔子自周反於魯，弟子稍益進焉。

是時也，晉平公淫，六卿擅權，東伐諸侯；楚靈王兵強，陵轢中國；齊大而近於魯。魯小弱，附於楚則晉怒；附於晉則楚來伐；不備於齊，齊師侵魯。

魯昭公之二十年，而孔子蓋年三十矣。齊景公與晏嬰來適魯，景公問孔子曰：『昔秦穆公國小處辟①，其霸何也？』對曰：『秦，國雖小，其志大；處雖辟，行中正。身舉五羖，爵之大夫，起累紲之中，與語三日，授之以政。以此取之，雖王可也，其霸小矣。』景公說。

注釋 ①辟：同『僻』，偏僻。

譯文 孔子家境貧窮而且地位卑下。他在成年之後，曾做過季氏家中的小吏，出納糧食及財物全都公平準確。他還曾做過管理畜牧的小吏，牲畜繁殖得很好。因此他就做了司空。不久後他離開魯國，在齊國受到排斥，遭到過宋國和衛國的驅逐，在陳國和蔡國之間被困住，由此他返回了魯國。孔子的身高有九尺六寸，人人都說他是『長人』，覺得他十分奇異。魯國依然對他很好，所以他回到了魯國。

魯國的南宮敬叔對魯君說：『請允許我和孔子一起去周王室。』魯君給了他們一輛車、兩匹馬，以及一名隨從的童子，前往周王室學習禮儀，又拜望了老子。辭別離開的時候，老子出來送他們說：『我聽人說富貴之人在送行時相贈金錢，仁德之人在送行時相贈吉言。我并無富貴，竊取了一個仁德之人的名號，就送給你幾句話，我要說的是：「聰明能夠深察的人總離死亡不遠，因爲他們喜歡議論別人。學識廣博、能言善辯、能力無邊的人總會危害自身，因爲他們願意揭發別人的過錯。身爲子女的不能衹顧念自己，做別人臣子的不能衹想到自己。」』孔子自周王室回到了魯國，弟子一點點多起來。

職司委吏

孔子曾任季孫氏的委吏，即管理倉庫的小官吏，孔子十分敬業，稱量算數都很正確。

當時，晉平公淫亂放蕩，六卿專權，向東去進攻諸侯。楚靈王兵力強盛，欺凌中原各諸侯。齊國勢力強大，而且與魯國鄰近。魯國又小又弱，投靠楚國則晉國就會發怒，投靠晉國則楚國就會前來征討，侍奉齊國沒能周到，齊國的軍隊就會侵擾魯國。

魯昭公二十年的時候，孔子的年齡到了三十歲。齊景公與晏嬰前來魯國，景公問孔子說：『以前秦穆公的國家很小，而且地處偏僻，他憑什麼能夠稱霸呢？』孔子回答說：『秦國雖然國家很小，但它的志向卻很大；地理位置雖然較爲偏僻，國家的所作所爲卻很得當。秦君親身任用以五張黑羊皮贖出來的百里奚，對他授以大夫的爵位，從拘禁人的繩索中興起，秦君與他談論了三天，將國政託付給了他。以這樣的方法整治國家，即使稱王天下也是能夠做到的，如果要稱霸就算太小了。』景公聽了十分高興。

原文

孔子年三十五，而季平子與郈昭伯以鬥雞故得罪魯昭公，昭公率師擊平子，平子與孟氏、叔孫氏三家共攻昭公，昭公師敗，奔於齊，齊處昭公乾侯。其後頃之，魯亂。孔子適齊，爲高昭子家臣，欲以通乎景公。與齊太師語樂，聞韶音，學之，三月不知肉味，齊人稱之。

景公問政孔子，孔子曰：『君君，臣臣，父父，子子。』景公曰：『善哉！信如君不君，臣不臣，父不父，子不子，雖有粟，吾豈得而食諸！』他日又復問政於孔子，孔子曰：『政在節財。』景公說，將欲以尼谿田封孔子。晏嬰進曰：『夫儒者滑稽而不可軌法；倨傲自順，不可以爲下；崇喪遂[1]哀，破産厚葬，不可以爲俗；游說乞貸，不可以爲國。自大賢之息，周室既衰，禮樂缺有間。今孔子盛容飾，繁登降之禮，趨詳之節，累世不能殫其學，當年不能究其禮。君欲用之以移齊俗，非所以先細民也。』後景公敬見孔子，不問其禮。異日，景公止孔子曰：『奉子以季氏，吾不能。』以季孟之間待之。齊大夫欲害孔子，孔子聞之。景公曰：『吾老矣，弗能用也。』孔子遂行，反乎魯。

孔安國曰：『魯三卿，季氏爲上卿，最貴；孟氏爲下卿，不用事。言待之以二者之間也。』

景公尊讓

孔子見齊景公，景公請孔子先行，孔子再三謙讓，景公問孔子爲什么不先行？孔子說：「讓我先行，是你的恩賜，但我怎敢以平民與國君相比？如果先行，不符合禮儀吧？」

注釋

①遂：通「久」。

譯文

孔子年齡到達三十五歲時，季平子和郈昭伯由於鬥鷄的緣故得罪了魯昭公，昭公就率領軍隊進攻平子，平子和孟氏、叔孫氏三家聯合起來進攻昭公，昭公的軍隊戰敗了，昭公逃到了齊國，齊國就把昭公安置到了乾侯。此後不久，魯國發生變亂。孔子來到齊國，做了齊卿高昭子的家臣，打算借此和景公得以溝通。孔子和齊國的樂官談論音樂，聽到《韶》這個樂曲，學習《韶》樂，陶醉其中竟然三個月都吃不出肉的味道，齊國人對他十分稱頌。

齊景公問孔子如何施政，孔子說：「國君要有國君的樣子，大臣要有大臣的樣子，父親要有父親的樣子，兒子要有兒子的樣子。」景公說：「講得眞好！要是眞的是國君沒有國君的樣子，大臣沒有大臣的樣子，父親沒有父親的樣子，兒子沒有兒子的樣子，即便是有糧食，我又怎麼能吃得着呢？」改天景公再次詢問孔子如何施政，孔子說：「施政就在於節省財物。」景公十分高興，想要把尼谿的田地封賞給孔子。晏嬰就進言說：「那些儒者都能言善辯，不能以法規來規範他們；傲慢自大，不適合做臣下；崇尚喪事的禮儀，盡情地表達哀傷，破費家產來厚葬死去的人，不能讓這種做法成爲習俗；到處游說，以求得官祿，不能以此來整治國家。自從那些聖賢相繼去世，周王室日趨衰微，禮樂制度存在殘缺已經很長時間了。現在孔子盛裝脩飾自己的儀容，繁瑣地規定出朝會升降等禮儀、舉手投足的儀態，令人幾世幾代都無法窮盡他的學問，花一年時間也無法學完這些禮儀。您打算用這一套規矩來改造齊國的習俗，恐怕不是引導民衆的好方法。」此後景公仍然恭敬地接見孔子，卻不再詢問他關於禮制的事情。有一天，景公挽留孔子說：「以季氏上卿的規格對待你，我無法做到。」他就按照季氏與孟孫之間的規格對待孔子。齊國大夫打算謀害孔子，孔子聽說了這件事。景公說：「我已經老了，無法任用你了。」孔子就離開了齊國，回到魯國。

原文

孔子年四十二，魯昭公卒於乾侯，定公立。定公立五年，夏，

韋昭曰：『骨一節，其長專車。專，擅也。』

季平子卒，桓子嗣立。季桓子穿井得土缶，中若羊，問仲尼云『得狗』。仲尼曰：『以丘所聞，羊也。丘聞之，木石之怪夔、罔閬，水之怪龍、罔象，土之怪墳羊。』

吳伐越，墮①會稽，得骨節專車。吳使使問仲尼：『骨何者最大？』仲尼曰：『禹致群神於會稽山，防風氏後至，禹殺而戮之，其節專車，此爲大矣。』吳客曰：『誰爲神？』仲尼曰：『山川之神足以綱紀天下，其守爲神，社稷爲公侯，皆屬於王者。』客曰：『防風何守？』仲尼曰：『汪罔氏之君守封、禺之山，爲釐姓。在虞、夏、商爲汪罔，於周爲長翟，今謂之大人。』客曰：『人長幾何？』仲尼曰：『僬僥氏三尺，短之至也。長者不過十之，數之極也。』於是吳客曰：『善哉聖人！』

注釋 ①墮：同『隳』，毀壞。

譯文 孔子四十二歲的時候，魯昭公在乾侯去世，魯定公即位。定公即位五年後，夏天，季平子死去，桓子繼承了季平子成爲上卿。季桓子在挖井時獲得一個瓦罐，瓦罐裏有個羊一樣的東西，他就問孔子，說自己『得到一隻狗』。孔子說：『根據我的所見所聞，這是隻羊。我曾聽說，林子裏的怪物是名叫夔的一足獸和名叫罔閬的山精鬼怪，水裏的怪物是龍和名叫罔象的水怪，土裏的怪物是名叫墳羊的非雌非雄的土精。』

吳國討伐越國，毀掉了越國的都城會稽，獲得了一車長的骨節。吳國派來使者問孔子：『什麼東西的骨頭最大？』孔子說：『大禹在會稽山召集群神，防風氏來晚了，禹就殺掉了他示衆，他的骨節長度有一車那麼長，這是骨頭裏面最大的。』吳國的使者問：『誰是神呢？』孔子說：『山川的神

墳羊辨怪

魯國季桓子打井時挖出怪物，硬得像巖石，有獸的形狀。派人去問孔子，孔子說：『萬物各有各的精怪，土裏的叫墳羊。這就是墳羊吧。』

孔安國曰：『不狃爲季氏宰。』

靈能夠興雲致雨造福百姓，負責守護、祭祀山川的就是神，主管祭祀土地與穀物的是公侯，全都屬於王。』使者問：『防風氏負責祭祀什麼呢？』孔子說：『防風氏就是汪罔氏。汪罔氏的君主負責祭祀封山、禺山，是釐姓。在有虞氏、夏、商時期稱爲汪罔，在周朝時稱爲長翟，如今被稱作大人。』使者問：『人的身高能達到多少？』孔子說：『僬僥氏身高三尺，矮到了極點。最高的人也不過十倍於此，這應該是身高數字的極限了。』由此吳國的使臣說：『高明啊，聖人！』

原文 桓子嬖臣曰仲梁懷，與陽虎有隙。陽虎欲逐懷，公山不狃止之。其秋，懷益驕，陽虎執懷。桓子怒，陽虎因囚桓子，與盟而醳之。陽虎由此益輕季氏。季氏亦僭於公室，陪臣執國政，是以魯自大夫以下皆僭離於正道。故孔子不仕，退而脩詩書禮樂，弟子彌衆，至自遠方，莫不受業焉。

定公八年，公山不狃不得意於季氏，因陽虎爲亂，欲廢三桓之嫡，更立其庶孽陽虎素所善者，遂執季桓子。桓子詐之，得脫。定公九年，陽虎不勝，奔於齊。是時孔子年五十。

公山不狃以費畔季氏，使人召孔子。孔子循道彌久，溫溫①無所試，莫能己用，曰：『蓋周文武起豐鎬而王，今費雖小，儻②庶幾乎！』欲往。子路不說，止孔子。孔子曰：『夫召我者豈徒哉？如用我，其爲東周乎！』然亦卒不行。

其後定公以孔子爲中都宰，一年，四方皆則之。由中都宰爲司空，由司空爲大司寇。

化行中都

孔子做中都宰，制定養生送死的辦法，按長幼分配食物，依強弱分配工作。男女有別，路不拾遺，貿易沒有虛價，喪禮用四寸棺、五寸槨，依丘陵爲墳。實行了一年，各國諸侯都來效法。

注釋 ①溫溫：柔和的樣子。又說同『蘊蘊』，鬱鬱不得志的樣子。②儻：義同『倘』。或許。

晏嬰沮封

齊景公問孔子怎樣治理國家，孔子說：『要節省財力。』景公很高興，想把尼的土地賞賜給他，遭到晏嬰的反對。景公對孔子說：『我老了，不能用你了。』於是孔子離開了齊國。

譯文

季桓子的寵臣仲梁懷，和陽虎有嫌隙。陽虎想要趕走仲梁懷，季氏的家臣公山不狃制止了他。當年秋天，仲梁懷愈發驕縱起來，陽虎將他抓了起來。桓子非常生氣，陽虎就趁機囚禁了桓子，陽虎和桓子訂立盟約後才放了桓子。陽虎因此愈發看不起季氏。季氏本身也超越了禮法的權限，凌駕於公室之上，以下屬臣子的身份掌控了國政，所以魯國自大夫以下全都僭越禮法背離了正確的原則。因此孔子就不再做官，隱退下來研究整理《詩》、《書》、《禮》、《樂》，弟子越來越多，從遠方而來，沒有不接受孔子傳授的學業。

魯定公八年，公山不狃在季氏手下失寵，利用陽虎叛亂的機會，打算廢掉三桓季孫氏、叔孫氏與孟孫氏的嫡長繼承人，改立陽虎素來所喜愛的其他庶子，因此拘禁了季桓子。桓子設詐欺騙了他，得以脫身。魯定公九年，陽虎沒能取得作戰的勝利，逃到了齊國。當時孔子五十歲。

公山不狃依靠費邑反叛季氏，派人前去邀請孔子。孔子尋求治國的法則已經很長時間了，處處受人壓抑，沒有施展才能的地方，沒有人能任用自己，就說：『周文王、武王自豐、鎬興起，進而稱王天下，現在費邑儘管很小，或許能和豐、鎬差不多吧？』想要前往費邑。子路很不高興，就勸止孔子。孔子說：『他們請我去，怎能徒勞無功呢？倘若任用我，大概是爲了在東方重現周朝的禮樂制度吧。』但孔子在最後也沒有成行。

從那以後，魯定公任命孔子爲中都的長官，一年後，四處都開始效法孔子的治理之道。孔子由中都長官升到了司空，又由司空出任大司寇。

原文

定公十年春，及齊平。夏，齊大夫黎鉏言於景公曰：『魯用孔丘，其勢危齊。』乃使使告魯爲好會，會於夾谷。魯定公且以乘車好往。孔子攝相事，曰：『臣聞有文事者必有武備，有武事者必有文備。古者諸侯出疆，必具官以從。請具左右司馬。』定公曰：『諾。』具左

孔子骨辨防風

右司馬。會齊侯夾谷，爲壇位，土階三等，以會遇之禮相見，揖讓而登。獻酬之禮畢，齊有司趨而進曰：『請奏四方之樂。』景公曰：『諾。』於是旍[1]旄羽袚矛戟劍撥鼓噪而至。孔子趨而進，歷階而登，不盡一等，舉袂而言曰：『吾兩君爲好會，夷狄之樂何爲於此！請命有司！』有司卻之，不去，則左右視晏子與景公。景公心怍，麾而去之。有頃，齊有司趨而進曰：『請奏宮中之樂。』景公曰：『諾。』優倡侏儒爲戲而前。孔子趨而進，歷階而登，不盡一等，曰：『匹夫而營惑諸侯者罪當誅！請命有司！』有司加法焉，手足異處。景公懼而動，知義不若，歸而大恐，告其群臣曰：『魯以君子之道輔其君，而子獨以夷狄之道教寡人，使得罪於魯君，爲之柰何？』有司進對曰：『君子有過則謝以質，小人有過則謝以文。君若悼之，則謝以質。』於是齊侯乃歸所侵魯之鄆、汶陽、龜陰之田以謝過。

定公十三年夏，孔子言於定公曰：『臣無藏甲，大夫毋百雉之城。』使仲由爲季氏宰，將墮三都。於是叔孫氏先墮郈。季氏將墮費，公山不狃、叔孫輒率費人襲魯。公與三子入於季氏之宮，登武子之臺。費人攻之，弗克，入及公側。孔子命申句須、樂頎下伐之，費人北。國人追之，敗諸姑蔑。二子奔齊，遂墮費。將墮成，公斂處父謂孟孫曰：『墮成，齊人必至於北門。且成，孟氏之保鄣，無成是無孟氏也。我將弗墮。』十二月，公圍成，弗克。

服虔曰：『三田，汶陽田也。龜，山名。陰之田，得其田不得其山也。』

王肅曰：『高丈長丈曰堵，三堵曰雉。』

注釋　①旍：同『旌』，古代一種用五色羽毛裝飾的旗子，用以指揮或開道。

夾谷會齊

魯定公十年，齊魯相會於夾谷。

譯文　魯定公十年的春天，魯國和齊國和好。夏天，齊國大夫黎鉏對景公說道：『魯國任命了孔丘，這種形勢對齊國十分危險。』因此就派出使者告知魯國舉行友好的會見，相約在夾谷會面。魯定公帶着十分友好的態度乘着車輛前往。孔子兼任盟會司儀，說：『我聽說進行文事活動的必須要有武力防備，進行武事活動的必須要有文官防備。古時諸侯離開自己的疆域，必定配備文武官員作爲隨從，請讓左右司馬隨從前往。』定公說：『就這樣辦吧。』就安排了左右司馬隨同前往。到夾谷會見齊侯，在那裏脩築了盟會所用高臺，設定位次，脩築了土臺階三級，雙方依照諸侯間的會遇禮節相會，魯定公與齊景公拱手相互揖讓着登上了高臺。宴飲贈禮的儀式完畢，齊國的官員快步走上前來請示說：『請彈奏四方各族的舞樂。』景公說：『好的。』因此來自齊國的樂隊，打着旍旗，頭上插着羽毛，身上披着皮衣，手裏拿着矛、戟、劍、大楯，擊鼓呼叫而來。孔子快步走上前來，一腳邁過一個臺階地迅速往上登，離壇還差最後一級臺階時，揮起衣袖說：『我們兩國之君在進行友好會面，夷狄的舞樂怎麼會在這裏？請命令相關官員將樂隊撤走。』相關官員下命令讓樂隊退下，樂隊并未離去，左右的人看着晏子和景公。景公心中有愧，揮揮手讓樂隊退下。過不多時，齊國的相關官員快步走上前來說：『請彈奏宮中的音樂。』景公說：『好的。』倡優與侏儒就戲謔調笑着走上前來。孔子快步走上前來，一腳邁過一級臺階地迅速往上登，離壇還差最後一級臺階時，說：『百姓膽敢戲弄蠱惑諸侯的，罪當處死。請命令相關官員去執行。』相關官員依法施行，倡優和侏儒都被處以腰斬，手和腳都分開了。景公內心恐懼而震動，知道在道義這方面難以和魯國匹敵，回國後十分驚恐，告誡群臣說：『魯國的臣子用君子之道輔佐他們的君主，你們卻偏偏用夷狄之道來指教我，讓我得罪了魯國國君，我該如何是好呢？』相關官員上前回答說：『君子出現過錯就實實在在地用行動賠禮道歉，小人出了過錯就花言巧語地掩飾。您要是

王肅曰：『有司常供其職，客求而有在也。』

禮墮三都

眞的痛心這件事，就用實實在在的行動去賠禮道歉。』因此齊侯就歸還了已經侵占的魯國的鄆、汶陽、龜陰的土地以表示認錯道歉。

魯定公十三年的夏天，孔子告訴定公說：『臣子不可以私藏兵器，大夫不可以擁有高達一丈、長達三百丈的城牆。』派仲由出任季氏的家臣，將要拆掉季孫、叔孫、孟孫三家城邑的城牆。因此叔孫氏率先拆掉了城牆。季氏將要拆掉都城費邑的城牆，公山不狃與叔孫輒帶着費邑人突襲魯君。定公與季孫、叔孫、孟孫三人進入季氏的住地，登上了季武子臺。費邑人進攻他們，并未攻克，但還是有人闖到了定公的旁邊。孔子派遣大夫申句須、樂頎下臺攻打費邑人，費邑人戰敗逃走。魯國人追擊上去，在姑蔑擊敗了費邑人。公山不狃、叔孫輒逃到了齊國，就這樣拆毀了費邑的城牆。即將拆掉孟孫氏的成城，公斂處父對孟孫氏說：『拆掉了成城的城牆，齊國的軍隊一定能夠直接到達都城的北門。而且成城是孟氏的屏障，失去了成城，就是沒有孟氏了。我不會拆掉成城的城牆。』十二月的時候，魯定公包圍成城，沒能攻克。

原文 定公十四年，孔子年五十六，由大司寇行攝相事，有喜色。門人曰：『聞君子禍至不懼，福至不喜。』孔子曰：『有是言也。不曰「樂其以貴下人」乎？』於是誅魯大夫亂政者少正卯。與聞國政三月，粥羔豚者弗飾賈①；男女行者別於塗；塗不拾遺；四方之客至乎邑者不求有司，皆予之以歸。

齊人聞而懼，曰：『孔子爲政必霸，霸則吾地近焉，我之爲先并矣。盍致地焉？』黎鉏曰：『請先嘗沮之；沮之而不可則致地，庸遲乎！』於是選齊國中女子好者八十人，皆衣文衣而舞康樂，文馬三十駟，遺魯君。陳女樂文馬於魯城南高門外，季桓子微服往觀再三，將

王肅曰：『言婦人之口請謁，足以憂使人死敗，故可以出走也。』

受，乃語魯君爲周道游，往觀終日，怠於政事。子路曰：『夫子可以行矣。』孔子曰：『魯今且郊，如致膰乎大夫，則吾猶可以止。』桓子卒受齊女樂，三日不聽政；郊，又不致膰俎於大夫。孔子遂行，宿乎屯。而師己送，曰：『夫子則非罪。』孔子曰：『吾歌可夫？』歌曰：『彼婦之口，可以出走；彼婦之謁，可以死敗。蓋優哉游哉，維以卒歲！』師己反，桓子曰：『孔子亦何言？』師己以實告。桓子喟然嘆曰：『夫子罪我以群婢故也夫！』

注釋 ①粥：同『鬻』，賣。賈：同『價』。

譯文 魯定公十四年，孔子五十六歲，以大司寇的身份代理宰相的職務，面上才現出喜色。有弟子說：『聽說君子遇到災難禍害不會恐懼，得到福運也不會喜形於色。』孔子說：『是有這樣的話。但不還有這樣的話「身在高位禮賢下士而自得其樂」嗎？』當時，殺掉了擾亂魯國政事的大夫少正卯。孔子參加治理國政三個月，販賣羊羔和豬豚的人沒有任意抬高價格，男女都在路上分道行走，路上掉了東西也沒人撿，從四面八方來到魯國的旅客到了城中也不用和官員求情，都能得到他們的所需之物，

并滿意地回去。

齊國人聽說了這種情況十分恐懼，說：『孔子整治好國政後一定會稱霸，稱霸的話我們齊國的國土和魯國相鄰，我們必然率先被吞并。何不先送給魯國一些土地呢？』齊國大夫黎鉏說：『請先試試能不能阻止孔子當政，要是沒能阻止孔子當政再贈送國土，難道這還晚嗎？』因此就挑選了齊國容貌美麗的女子八十人，全都穿着色彩華麗的服裝，跳着《康樂》舞，連同毛色斑斕的馬匹駕着的三十輛馬車，一起送給魯君。在魯國都城以南的高門外陳列開女樂隊及紋飾斑斕的馬匹。季桓子再三身着便服前往觀看，想要接受，就對魯君說要外出環城巡游，趁此機會整天前去觀看，懶得治理國政。子路說：『老師，我們是時候離開這兒了。』孔子說：『如今魯國即將舉行郊祭，要是將郊祭所用的烤肉分送一些給大夫的話，那我還是可以留下來。』桓子最終接受了齊國送來的女樂們，一連三天不上朝聽政；舉行了郊祭後，也沒有把祭肉和郊祭所用的禮器分送給大夫。就這樣孔子就離開了魯國，來到屯地留宿過夜。大夫師己前來送行，說：『先生并沒有什麼過錯。』孔子說：『我唱首歌行嗎？』唱道：

孔子因膰去魯

『那個女子就憑一張嘴，可以將大臣趕走；那個女子前來面見，就能讓國破身亡。悠閑自在啊，衹有以此來消磨時光。』師己返回國都，桓子問：『孔子說了些什麼？』師己據實相告。桓子喟然長嘆說：『先生是因爲那群婢女的原因而責怪我啊。』

原文

孔子遂適衛，主於子路妻兄顏濁鄒家。衛靈公問孔子：『居魯得祿幾何？』對曰：『奉粟六萬。』衛人亦致粟六萬。居頃之，或譖孔子於衛靈公。靈公使公孫余假一出一入。孔子恐獲罪焉，居十月，去衛。

將適陳，過匡，顏刻爲僕，以其策指之曰：『昔吾入此，由彼缺也。』匡人聞之，以爲魯之陽虎。陽虎嘗暴匡人，匡人於是遂止孔子。孔子狀類陽虎，拘焉五日，顏淵後，子曰：『吾以汝爲死矣。』顏淵曰：『子在，回何敢死！』匡人拘孔子益急，弟子懼。孔子曰：『文王既沒，文不在茲乎？天之將喪斯文也，後死者不得與於斯文也。天之未喪斯文也，匡人其如予何！』孔子使從者爲寧武子臣於衛，然後得去。

譯文

孔子就來到衛國，在子路妻子的兄長顏濁鄒家中寄居。衛靈公問孔子說：『在魯國時能得到多少俸祿？』回答說：『俸祿用的糧食六萬斗。』衛國人也送給孔子糧食六萬斗。住了沒多長時間，有人在衛靈公面前詆毀孔子。衛靈公讓公孫余假監視着孔子的來往出入。孔子恐怕哪裏得罪衛君，住了十個月，就離開了衛國。

孔子即將前去陳國，路過衛國的匡地，顏刻擔當駕車之人，他用馬鞭指着匡地說：『從前我來到這個地方，是從那個缺口進去的。』匡地人聽說有人來到，都以爲那是魯國的陽虎。陽虎曾對匡人施暴，因此匡人就攔住了孔子。孔子長得很像陽虎，被匡人拘禁了五天。顏淵落在後面才趕到，孔子說：『我以爲你已經死了。』顏淵說：『先生依然健在，我怎麼敢死。』匡人圍困孔子越來越急，弟子們很是恐懼。孔子說：『周文王已然去世，周朝的禮樂制度不都存留在我這兒嗎？上天打算毀滅周朝的禮樂制度，就不可能讓我這後死之人得悉這種禮樂制度。上天倘若不打算毀滅周朝的禮樂制度，匡人能把我怎麼樣？』孔子派了個弟子前往衛國都城做了寧武子的家臣，然後才得以離開。

原文

去即過蒲。月餘，反乎衛，主蘧伯玉家。靈公夫人有南子者，使人謂孔子曰：『四方之君子不辱欲與寡君爲兄弟者，必見寡小君。寡小君願見。』孔子辭謝，不得已而見之。夫人在絺帷中。孔子入門，北面稽首。夫人自帷中再拜，環佩玉聲璆然。孔子曰：『吾鄉爲弗見，見之禮答焉。』子路不說。孔子矢之曰：『予所不者，天厭之！天厭之！』居衛月餘，靈公與夫人同車，宦者雍渠參乘，出，使孔子爲次乘，招搖市過之。孔子曰：『吾未見好德如好色者也。』於是醜之，去衛，過曹。是歲，魯定公卒。

何晏曰：『疾時薄於德，厚於色，故發此言也。』

孔子去曹適宋，與弟子習禮大樹下。宋司馬桓魋欲殺孔子，拔其樹。孔子去。弟子曰：『可以速矣。』孔子曰：『天生德於予，桓魋其如予何！』

宋人伐木

譯文

孔子一行離開匡地經過蒲地。一個多月後，孔子回到了衛國，在蘧伯玉家寄居。衛靈公有個叫南子的夫人，派人來對孔子說：『四方來的君子要是不以爲侮辱想與我國國君結爲兄弟友誼的，必定要面見我們國君的夫人。我們國君的夫人想要見您。』孔子推辭謝絕了，但還是迫不得已前去見她。夫人在細葛布的帷帳之中。孔子進入門內，面朝北行叩頭之禮。夫人在帷帳中行拜禮兩次，身上佩帶的環佩玉器叮當做響。孔子歸來後說：『我原來不想見她，既然前去見她就應該以禮相

醜次同車

一天，衛靈公和夫人同車出游，讓孔子坐在後面的車上。孔子生氣地說：『我從來沒有見過喜歡美德像喜歡美女一樣的人。』於是離開衛國。

答謝。』子路聽了并不高興。孔子起誓說：『我要是有什麼做得不對，就讓上天厭惡我吧！上天厭惡我吧！』在衛國住了一個多月，衛靈公和夫人一起乘一輛車，宦官雍渠陪坐一旁，離開宮廷，讓孔子乘坐第二輛車，大搖大擺地從鬧市中穿過。孔子說：『我從未見他喜好德行如同喜好美色一樣。』因此就厭惡衛靈公，從衛國離開，經過曹國。當年，魯定公去世。

孔子從曹國離開，來到宋國，與弟子們在一棵大樹下演習禮儀。宋國司馬桓魋打算殺掉孔子，派人去砍倒了那棵大樹。孔子離開了這裏。弟子說：『可以快點離開這兒。』孔子說：『上天將這樣的品德降臨在我身上，桓魋能怎麼樣我呢？』

原文

孔子適鄭，與弟子相失，孔子獨立郭東門。鄭人或謂子貢曰：『東門有人，其顙似堯，其項類皋陶，其肩類子產，然自要以下不及禹三寸。纍纍若喪家之狗。』子貢以實告孔子。孔子欣然笑曰：『形狀，末也。而謂似喪家之狗，然哉！然哉！』

孔子遂至陳，主於司城貞子家。歲餘，吳王夫差伐陳，取三邑而去。趙鞅伐朝歌。楚圍蔡，蔡遷於吳。吳敗越王勾踐會稽。

有隼集於陳廷而死，楛矢貫之，石砮，矢長尺有咫。陳湣公使使問仲尼。仲尼曰：『隼來遠矣，此肅慎之矢也。昔武王克商，通道九夷百蠻，使各以其方賄來貢，使無忘職業。於是肅慎貢楛矢石砮，長尺有咫。先王欲昭其令德，以肅慎矢分大姬，配虞胡公而封諸陳。分同姓以珍玉，展親；分異姓以遠職，使無忘服。故分陳以肅慎矢。』試求之故府，果得之。

譯文

孔子來到鄭國，和弟子相互走散了，孔子獨自一人站在外城的東門。有個鄭國人對子貢說：

楛矢貫隼

『東門那裏有個人，他的額頭很像堯，他的脖子就像皋陶，他的肩很像子產，而腰部以下的部分比禹差了三寸，疲勞狼狽的樣子好像喪家狗一般。』子貢將原話告知孔子。孔子欣然地笑着說：『外貌都是微不足道的東西。但說我如同喪家狗一般，確實這樣啊！確實這樣啊！』

孔子於是前往陳國，在司城貞子家中寄住。一年多之後，吳王夫差討伐陳國，攻下了三座城後撤軍。趙鞅進攻朝歌。楚國圍攻蔡國，蔡國遷到了吳地。吳國軍隊在會稽擊敗了越王勾踐。

有一隻隼停在陳君的宮廷中而死去，一支木箭穿透了隼的身子，箭頭爲石製的，箭長一尺八寸。陳湣公派出使者去問孔子。孔子說：『隼是從很遠的地方飛來的，這是遠方肅慎部族的箭。過去周武王攻滅了商朝，打開了去東方九夷和南方百蠻相通的道路，命令各族都以本地的特產送來進貢，讓他們不要忘了自身所應承擔的職責與義務。因此肅慎族就進貢了木箭與石製的箭頭，箭的長度爲一尺八寸。先王爲了宣揚他的美德，就將肅慎部族的箭分賜給了長女大姬，將她許配給了虞胡公，并將虞胡公封在了陳地。又把珍寶玉石等物分贈給了同姓之人，以展示親密；將遠方進貢的貢品贈予異姓諸侯，以讓他們不要忘記自己的職責與義務。所以將肅慎部族的箭贈予陳國。』陳湣公讓人去以前的倉庫中試着尋找，果然得到了木箭。

原文

孔子居陳三歲，會晉楚爭強，更伐陳，及吳侵陳，陳常被寇。孔子曰：『歸與歸與！吾黨之小子狂簡，進取不忘其初。』於是孔子去陳。

過蒲，會公叔氏以蒲畔，蒲人止孔子。弟子有公良孺者，以私車五乘從孔子。其爲人長賢，有勇力，謂曰：『吾昔從夫子遇難於匡，今又遇難於此，命也已。吾與夫子再罹難，寧鬥而死。』鬥甚疾。蒲

衛在濮州，蒲在滑州，在衛西也。韓魏及楚從西向東伐，先在蒲，後及衛。

人懼，謂孔子曰：『苟毋適衛，吾出子。』與之盟，出孔子東門。孔子遂適衛。子貢曰：『盟可負邪？』孔子曰：『要盟也，神不聽。』

衛靈公聞孔子來，喜，郊迎。問曰：『蒲可伐乎？』對曰：『可。』靈公曰：『吾大夫以爲不可。今蒲，衛之所以待晉楚也，以衛伐之，無乃不可乎？』孔子曰：『其男子有死之志，婦人有保西河之志。吾所伐者不過四五人。』靈公曰：『善。』然不伐蒲。

靈公老，怠於政，不用孔子。孔子喟然嘆曰：『苟有用我者，期月而已，三年有成。』孔子行。

譯文 孔子在陳住了三年，當時正趕上晉、楚兩國爭霸，輪番討伐陳國，到了吳國侵犯陳國時，陳國經常遭到劫掠。孔子說：『回去吧！回去吧！我的徒弟都志向高遠，努力進取并未忘記最初的善性。』因此孔子就離開了陳國。

路過蒲地，趕上衛國大夫公叔氏靠着蒲地叛亂，蒲地人留住了孔子。孔子的弟子裏有個名叫公良

孺的，帶着私人的五輛車跟從孔子。他身材高大，爲人賢德，十分勇猛有力，對孔子說：『我以前跟從先生在匡地遭遇危難，如今又在此地遭遇危難，這就是命運啊！我和先生再一次遭逢災難，寧願戰鬥而死。』戰鬥得十分凶狠。蒲地人害怕了，對孔子說：『倘若不去衛國，我們就放你走。』孔子和蒲地人訂立了盟誓，放孔子從東門出去了。孔子就前去衛國。子貢說：『盟誓可以違背嗎？』孔子說：『在要挾下訂立的盟約，神是不會理睬的。』

衛靈公聽到孔子來到了衛國，非常高興，來到郊外迎接。靈公問孔子說：『蒲地能夠攻打嗎？』孔子回答說：『可以。』靈公說：『我的大夫們都覺得不可以。現在的蒲地是衛國能夠阻擋晉、楚兩國攻伐的屏障，用衛國的軍隊去攻打蒲地，恐怕不太好吧？』孔子說：『蒲地中的男子有以死保衛家鄉的志向，婦女有保衛西河的志氣，并不情願叛亂，我們所要討伐的不過是四五個策劃叛亂的人。』靈公說：『不錯。』但卻并沒有進攻蒲地。

衛靈公年紀大了，懶得治理國政，并未任用孔子。孔子長嘆一聲說：『要是有人能夠任用我，一年可見成效，三年就會很有成績了。』孔子從衛國離開了。

五乘從游

子路過蒲，遇上公叔氏叛亂，不讓孔子通過。有個叫公良孺的弟子帶着自己的五輛車隨行。他說：『過去我跟老師在匡遭難，今天又在這裏遇難，是命吧！這次遭難，我寧願戰死。』仗打得很凶猛，蒲人害怕了，孔子才經蒲到衛國去。

原文

佛肸爲中牟宰。趙簡子攻范、中行，伐中牟。佛肸畔，使人召孔子。孔子欲往。子路曰：『由聞諸夫子，「其身親爲不善者，君子不入也」。今佛肸親以中牟畔，子欲往，如之何？』孔子曰：『有是言也。不曰堅乎，磨而不磷；不曰白乎，涅而不淄。我豈匏瓜也哉，焉能繫而不食？』

孔子擊磬。有荷蕢而過門者，曰：『有心哉，擊磬乎！硜硜乎，莫己知也夫而已矣！』

孔子學鼓琴師襄子，十日不進。師襄子曰：『可以益矣。』孔子曰：『丘已習其曲矣，未得其數也。』有間，曰：『已習其數，可以益矣。』孔子曰：『丘未得其志也。』有間，曰：『已習其志，可以益矣。』孔子曰：『丘未得其爲人也。』有間，有所穆①然深思焉，有所怡然高望而遠志焉。曰：『丘得其爲人，黯然而黑，幾然而長，眼如望羊，如王四國，非文王其誰能爲此也！』師襄子辟席再拜，曰：『師蓋云文王操也。』

注釋

①穆：通『默』，沉默。

譯文

佛肸擔任中牟邑的長官。趙簡子討伐范氏、中行氏，進攻中牟。佛肸叛亂，派人前來召喚孔子。孔子想要前往。子路說：『我曾聽先生說過，「那種人本身在幹壞事，君子是不會參加進去的」。現在佛肸獨自占據中牟叛亂，您想要前去，這怎麼解釋呢？』孔子說：『是說過這樣的話。但我不是還說了，堅硬之物，再怎麼磨也不會變薄；潔白之物，用黑色染料也無法染黑。我難道是個匏瓜嗎，怎能挂在那裏而不讓人食用呢？』

孔子敲奏石磬。有個背着草筐自門前經過的人說：『有心思啊，就敲打石磬啊！又響又急的磬聲啊，

家語師襄子曰『吾雖以擊磬爲官，然能於琴』。蓋師襄子魯人，論語謂之『擊磬襄』是也。

學琴師襄

孔子向師襄學習彈琴，他長時間練習一支曲子，直到理解了樂曲的內涵，進而領悟到作者是周文王，師襄很佩服他。

是在說沒人了解自己而打算放棄吧。』孔子向師襄子學習彈琴，學了十天仍沒有什麼進步。師襄子說：『可以增加一些學習內容了。』孔子說：『我已經學會了曲子，衹是還沒掌握彈琴的技法。』過了些日子，師襄子說：『你已經學會了彈琴的技法，可以多學些內容了。』孔子說：『我還并未領悟曲子中的志趣。』過了些時候，師襄子說：『已經學到了曲子的志趣，可以多學些內容了。』孔子說：『我還沒能品味出作曲者的爲人。』過了些時候，孔子默然深思，感到心曠神怡，眼界高闊，志向宏大，就說：『我知曉作曲者的爲人了。那人膚色黝黑，身材頎長，眼睛明亮深邃而能遠望，好像成了天下四方的王，要不是周文王誰還能做出這樣的曲子呢？』師襄子站離坐席拜了兩拜，說：『我的老師告訴我這首琴曲叫作《文王操》。』

原文

孔子既不得用於衛，將西見趙簡子。至於河而聞竇鳴犢、舜華之死也，臨河而嘆曰：『美哉水，洋洋乎！丘之不濟此，命也夫！』子貢趨而進曰：『敢問何謂也？』孔子曰：『竇鳴犢，舜華，晉國之賢大夫也。趙簡子未得志之時，須此兩人而後從政；及其已得志，殺之乃從政。丘聞之也，刳胎殺夭則麒麟不至郊，竭澤涸漁則蛟龍不合陰陽，覆巢毀卵則鳳皇不翔。何則？君子諱傷其類也。夫鳥獸之於不義也尚知辟之，而況乎丘哉！』乃還息乎陬鄉，作爲陬操以哀之。而反乎衛，入主蘧伯玉家。

王肅曰：『陬操，琴曲名也。』

他日，靈公問兵陳。孔子曰：『俎豆之事則嘗聞之，軍旅之事未之學也。』明日，與孔子語，見蜚雁，仰視之，色不在孔子。孔子遂行，復如陳。

譯文

孔子既然沒能得到衛國的任用，打算向西去面見趙簡子。來到黃河邊，聽到了竇鳴犢、舜

孔子西河返駕

華被趙簡子殺掉的消息，孔子面對黃河嘆息着說：『多麼美啊，黃河水，浩浩蕩蕩。我沒有渡過黃河，這是命運使然啊。』子貢快走幾步上前說：『請問這是要說什麼呢？』孔子說：『竇鳴犢和舜華都是晉國非常賢德的大夫，趙簡子還未得志之時，靠着這兩個人才獲得了政權。等到他已經得償所願，殺死他們後就執掌了政權。我曾聽說，剖腹取胎，殺死幼獸，麒麟就不會前來郊外；竭澤而漁，一網打盡，蛟龍就不會再調合陰陽；傾覆鳥巢，摧毀鳥卵，鳳凰就不再飛翔前來了。什麼原因呢？君子忌諱殺傷自己的同類。鳥獸對於那些不道德的舉動都知道躲避，更何況是我孔丘啊？』孔子就回到了陬鄉居住，創作出《陬操》的琴曲來哀悼晉國已死的兩位賢德的大夫。他又回到衛國，在蘧伯玉家中寄住。

一天，衛靈公詢問用兵作戰的結陣之法。孔子說：『祭祀用俎、豆之類的事情我曾聽說過，用兵作戰的事情我沒學過。』第二天，靈公和孔子交談，看到天空飛過的大雁，抬頭注視，神色和注意力并不在孔子身上。就這樣孔子離開了衛國，再次來到陳國。

原文　夏，衛靈公卒，立孫輒，是爲衛出公。六月，趙鞅內太子蒯聵於戚。陽虎使太子絻，八人衰①絰，僞自衛迎者，哭而入，遂居焉。冬，蔡遷於州來。是歲魯哀公三年，而孔子年六十矣。齊助衛圍戚，以衛太子蒯聵在故也。

夏，魯桓僖廟燔，南宮敬叔救火。孔子在陳，聞之，曰：『災必於桓僖廟乎？』已而果然。

秋，季桓子病，輦而見魯城，喟然嘆曰：『昔此國幾興矣，以吾獲罪於孔子，故不興也。』顧謂其嗣康子曰：『我即死，若必相魯；相魯，必召仲尼。』後數日，桓子卒，康子代立。已葬，欲召仲尼。

服虔曰：『桓釐當毀，而魯事非禮之廟，故孔子聞有火災，知其加桓僖也。』

公之魚曰：『昔吾先君用之不終，終爲諸侯笑。今又用之，不能終，是再爲諸侯笑。』康子曰：『則誰召而可？』曰：『必召冄求。』於是使使召冄求。冄求將行，孔子曰：『魯人召求，非小用之，將大用之也。』是日，孔子曰：『歸乎歸乎！吾黨之小子狂簡，斐然成章，吾不知所以裁之。』子贛知孔子思歸，送冄求，因誡曰『即用，以孔子爲招』云。

注釋 ①衰：同『縗』，古代一種用粗麻布製成的孝服。

譯文 夏天，衛靈公去世，他的孫子輒即位，就是衛出公。六月，趙簡子將衛靈公的太子蒯聵送到了戚邑。陽虎讓太子蒯聵身穿喪服，又派八個人披麻戴孝，裝作是自衛國前來迎接太子蒯聵的樣子，哭着進入戚邑，就這樣太子蒯聵就在戚邑住了下來。冬天的時候，蔡國遷都到州來。當年是魯哀公三年，孔子六十歲。齊國相助衛國人圍攻戚邑，是因爲衛國太子蒯聵居住在此的緣故。

夏天，魯桓公與魯釐公的廟堂失火，南宮敬叔前往救火。孔子在陳國聽說了這件事，說：『火災一定發生在桓公和釐公的廟堂吧？』後來得知果然是這樣。

知魯廟災

秋天，季桓子生病，坐在輦車上看到了魯城，深深地嘆息着說：『以前這個國家幾乎要振興了，由於我得罪了孔子，因此就沒能興盛起來。』他轉過頭對他的繼承人季康子說：『我要是死了，你一定會成爲魯國的宰相。要是成了魯國宰相後，一定要請回仲尼。』幾天後，季桓子去世，康子成了魯國的宰相。安葬了季桓子後，康子想要召回孔子。大夫公之魚說：『以前我們的先君任用孔子時有始無終，結果被諸侯所恥笑。現在又任用他，倘若沒能有始有終，會再一次被諸侯恥笑的。』康子說：『那召請誰較爲合適呢？』公之魚說：『肯定要召請冄求。』因此派出使者去召請冄求。冄求即將前去，孔子說：『魯國人召請冄求，絕不會小用他，一定會重用他。』當天，孔

孔安國曰：『葉公名諸梁，楚大夫，食菜於葉，僭稱公。不對，未知所以對也。』

包氏曰：『丈人曰不勤勞四體，分植五穀，誰爲夫子而索也。』

子說：『回去吧！回去吧！我的徒弟們都志向高遠，文采斐然而有章法，我不知道如何調教他們。』子贛知道孔子想回到故國，送冉求啓程時，就告誡他『你要是得到重用，一定要召回孔子』這樣一番話。

原文

冉求既去，明年，孔子自陳遷於蔡。蔡昭公將如吳，吳召之也。前昭公欺其臣遷州來，後將往，大夫懼復遷，公孫翩射殺昭公。楚侵蔡。秋，齊景公卒。

明年，孔子自蔡如葉。葉公問政，孔子曰：『政在來遠附邇。』他日，葉公問孔子於子路，子路不對。孔子聞之，曰：『由，爾何不對曰「其爲人也，學道不倦，誨人不厭，發憤忘食，樂以忘憂，不知老之將至」云爾。』

去葉，反於蔡。長沮、桀溺耦而耕，孔子以爲隱者，使子路問津焉。長沮曰：『彼執輿者爲誰？』子路曰：『爲孔丘。』曰：『是魯孔丘與？』曰：『然。』曰：『是知津矣。』桀溺謂子路曰：『子爲誰？』曰：『爲仲由。』曰：『子，孔丘之徒與？』曰：『然。』桀溺曰：『悠悠者天下皆是也，而誰以易之？且與其從辟人之士，豈若從辟世之士哉！』耰而不輟。子路以告孔子，孔子憮然曰：『鳥獸不可與同群。天下有道，丘不與易也。』

他日，子路行，遇荷篠丈人，曰：『子見夫子乎？』丈人曰：『四體不勤，五穀不分，孰爲夫子！』植其杖而芸。子路以告，孔子曰：『隱者也。』復往，則亡。

子路問津

孔子一行被河水攔住去路，孔子讓子路去打聽渡口。子路遇到了長沮、桀溺兩位隱士。這二人對孔子積極入世不以爲然，主張退隱山林。

譯文

冉求離開陳國後，第二年，孔子由陳國遷到了蔡國。蔡昭公打算前去吳國，是吳國國君召他去的。之前昭公哄騙他的大臣將都城遷到州來，這次要前去吳國，大夫們都害怕再次遷都，大夫公孫翩就用箭射殺了昭公。楚國進犯蔡國。秋天，齊景公去世。

第二年，孔子由蔡國前往葉邑。葉公問孔子如何施政，孔子說：「施政的關鍵在於招攬遠方的百姓，安撫附近的百姓。」有一天，葉公問子路孔子的爲人，子路沒有回答。孔子聽說了這件事，說：「仲由，你怎麼不回答他說『他爲人呢，學習道理不感到疲倦，教誨別人不感到厭煩，發憤時會忘記吃飯，歡樂時會忘記憂愁，不知道衰老即將來到』罷了。」

孔子從葉邑離開，返回蔡國。長沮、桀溺在路邊并肩耕田，孔子覺得他們是隱士，讓子路去詢問渡口所在的地方。長沮說：「那邊手拿車繮繩的人是誰？」子路說：「是孔丘。」長沮說：「就是魯國孔丘嗎？」子路說：「沒錯。」長沮說：「他知道渡口在哪。」桀溺對子路說：「你是誰？」子路說：「我是仲由。」桀溺說：「你是孔丘的弟子嗎？」子路說：「沒錯。」桀溺說：「渾噩幽暗，天下到處都是如此，而誰能改變這世道呢？與其跟從那些躲避暴君亂臣之人，怎麼能趕得上追隨那些躲避亂世的人啊！」兩人說完依舊耕田不止。子路將這些話告知孔子，孔子惆悵地說：「我們不可以和鳥獸同流合群。天下太平的話，我孔丘就不用參與進來改變這樣的局面了。」

一天，子路趕路，遇見一位肩上扛着除草用具的老人。子路說：「您見過我的老師嗎？」老人說：「四肢不擅勞動，五穀無法分辨，誰是你的老師！」老人把他的手杖插到一邊的泥土裏就繼續鋤草了。子路將這些話告知孔子。孔子說：「這是位隱士。」子路再去看老人時，老人已經離開了。

原文 孔子遷於蔡三歲，吳伐陳。楚救陳，軍於城父。聞孔子在陳蔡之間，楚使人聘孔子。孔子將往拜禮，陳蔡大夫謀曰：「孔子賢者，所刺譏皆中諸侯之疾。今者久留陳蔡之間，諸大夫所設行皆非仲尼之意。今楚，大國也，來聘孔子。孔子用於楚，則陳蔡用事大夫危矣。」於是乃相與發徒役圍孔子於野。不得行，絕糧。從者病，莫能興。孔子講誦弦歌不衰。子路慍見曰：「君子亦有窮乎？」孔子曰：「君子固窮，小人窮斯濫矣。」

子貢色作。孔子曰：「賜，爾以予爲多學而識之者與？」曰：

王肅曰：『率，循也。言非兕虎而循曠野也。』

在陳絶糧

『然。非與？』孔子曰：『非也。予一以貫之。』

孔子知弟子有愠心，乃召子路而問曰：『詩云「匪兕匪虎，率彼曠野」。吾道非邪？吾何爲於此？』子路曰：『意者吾未仁邪？人之不我信也。意者吾未知邪？人之不我行也。』孔子曰：『有是乎！由，譬使仁者而必信，安有伯夷、叔齊？使知者而必行，安有王子比干？』

子路出，子貢入見。孔子曰：『賜，詩云「匪兕匪虎，率彼曠野」。吾道非邪？吾何爲於此？』子貢曰：『夫子之道至大

也，故天下莫能容夫子。夫子蓋少貶焉？』孔子曰：『賜，良農能稼而不能爲穡，良工能巧而不能爲順。君子能脩其道，綱而紀之，統而理之，而不能爲容。今爾不脩爾道而求爲容。賜，而志不遠矣！』

子貢出，顔回入見。孔子曰：『回，詩云「匪兕匪虎，率彼曠野」。吾道非邪？吾何爲於此？』顔回曰：『夫子之道至大，故天下莫能容。雖然，夫子推而行之，不容何病，不容然後見君子！夫道之不脩也，是吾醜也。夫道既已大脩而不用，是有國者之醜也。不容何病，不容然後見君子！』孔子欣然而笑曰：『有是哉顔氏之子！使爾多財，吾爲爾宰。』

於是使子貢至楚。楚昭王興師迎孔子，然後得免。

譯文 孔子遷到蔡國居住的第三年，吳國討伐陳國。楚軍前來救援陳國，軍隊在城父駐扎。聽聞孔子在陳國與蔡國之間，楚昭王派人召請孔子。孔子打算前往以禮相謝，陳國和蔡國的大夫謀劃説：

『孔子是個有賢德的人，所譏刺抨擊的東西都切中諸侯的弊病。如今他長期滯留在陳國與蔡國之間，各大夫的所作所爲都違反孔子的心意。現在楚國是大國，派人來召請孔子。孔子倘若在楚國得到重用，那我們這些在陳國、蔡國掌權的大夫就很危險了。』因此就聯合調發一些役徒將孔子圍困在野外。孔子不能成行，缺乏糧食。隨行的弟子生病了，爬都爬不起來。孔子依舊講習、誦詩、彈琴、唱歌沒有間斷。子路氣衝衝地來見孔子，說：『君子難道也有困窘之時嗎？』孔子說：『君子能安於困窘而不動搖，小人一旦困窘就胡作非爲。』

子貢臉色有變。孔子說：『賜啊，你覺得我是個博學強記之人嗎？』子貢說：『是啊。難道不是嗎？』孔子說：『不是這樣的。我是將一種思想貫穿在各個方面罷了。』

孔子知道徒弟們心裏都很生氣，就召來子路詢問說：『《詩經》中說「既不是犀牛，也不是老虎，卻能徘徊在空曠的野外」。我的學說難道不夠正確嗎？我爲何會被圍困此地呢？』子路說：『我想是我們并未做到仁德吧？人們并不能信任我們。我想是我們還不能做到智慧吧？人們并不讓我們順利通行。』孔子說：『有這樣的說法嗎？仲由，要是有仁德的人一定能得到別人的信任，那怎麼會有伯夷、叔齊

在首陽山餓死的事？要是有智慧的人一定通行無阻，那怎麼會有王子比干被剖心的事呢？』

子路出來後，子貢進入面見孔子。孔子說：『賜啊，《詩經》中說「既不是犀牛，也不是老虎，卻能徘徊在空曠的野外」。我的學說難道不夠正確嗎？我爲何會被圍困在此地呢？』子貢說：『老師的學說宏大非常，因此天下各國都無法容納老師。老師爲何不稍微降低一些標準呢？』孔子說：『賜啊，好的農夫能播種耕作卻不能保證取得好的收成；好的工匠能做到技術高超卻不能保證人人都滿意；君子能夠建立自己的學說，用綱紀治理天下，以統籌治理國家，卻不能保證一定會被所有人容納。現在你不脩明你的學說，而求得被世人所容納。賜啊，你的志向可并不遠大啊！』

子貢出來後，顏回進入面見孔子。孔子說：『顏回，《詩經》中說「既不是犀牛，也不是老虎，卻能徘徊在空曠的野外」。我的學說難道不夠正確嗎？我爲何會被圍困在此地呢？』顏回說：『老師的學說宏大非常，因此天下各國都無法容納老師。儘管如此，老師還應該去推廣并施行自己的學說，沒能被容納有什麼危害？沒能被容納，然後才凸顯出君子本色。沒能建立和完善學說，這才是我們的恥辱。學說已然完美地脩建起來，卻沒能被采用，這是那些當權之人的恥辱。沒能被容納有什麼大不了的？

服虔曰：『書，籍也。』

安國曰：『接輿，楚人也。佯狂而來歌，欲以感切孔子也。』

沒被容納，之後才凸顯出君子本色。』孔子高興地笑着說：『是這樣的道理啊，顏氏的好孩子！要是你有許多財產，我給你當管家。』

因此孔子就派子貢前往楚國。楚昭王出兵來迎孔子，孔子得以脫離困境。

原文 昭王將以書社地七百里封孔子。楚令尹子西曰：『王之使使諸侯有如子貢者乎？』曰：『無有。』『王之輔相有如顏回者乎？』曰：『無有。』『王之將率有如子路者乎？』曰：『無有。』『王之官尹有如宰予者乎？』曰：『無有。』『且楚之祖封於周，號爲子男五十里。今孔丘述三五之法，明周召之業，王若用之，則楚安得世世堂堂方數千里乎？夫文王在豐，武王在鎬，百里之君卒王天下。今孔丘得據土壤，賢弟子爲佐，非楚之福也。』昭王乃止。其秋，楚昭王卒於城父。

楚狂接輿歌而過孔子，曰：『鳳兮鳳兮，何德之衰！往者不可諫兮，來者猶可追也！已而已而，今之從政者殆而！』孔子下，欲與之言。趨而去，弗得與之言。

於是孔子自楚反乎衛。是歲也，孔子年六十三，而魯哀公六年也。

子西沮封

譯文 楚昭王打算把有戶籍名字的方圓七百里土地封賜給孔子。楚國的令尹子西說：『大王派出的出使諸侯國的使者有如同子貢一般的人嗎？』昭王說：『沒有。』子西說：『大王的輔佐宰相有如同顏回一般的人嗎？』昭王說：『沒有。』子西說：『大王的將帥中可有如同子路一般的人嗎？』昭王說：『沒有。』子西說：『大王的各部的主事長官可有如同宰予一般的人嗎？』昭王說：『沒有。』子西說：『而且楚國的始祖在周王室受封時，封爵爲子男，封地方圓五十里。如今孔丘遵循着三皇五帝的規則法度，彰申明周公、召公所建立的功業，要

楚狂接輿

是大王任用了他，那麼楚國如何能夠世世代代得保方圓幾千里的疆域呢？周文王在豐邑，周武王在鎬邑，都是從統轄方圓百里土地的君主而最終稱王天下。現在孔丘得以占據封地，賢良的弟子作爲輔佐，這可不是楚國的福氣。』昭王就打消了這個想法。當年秋天，楚昭王死在了城父。

楚國狂人接輿唱着歌從孔子身邊經過，歌詞說：『鳳凰啊，鳳凰啊，你的德行怎麼會降低了啊！過去的事情已經無可挽回，未來的事情還能夠補救。算了吧，算了吧，現在的當權人物都非常危險。』孔子走下車，打算和他說話。接輿快走幾步離開，孔子沒能與他說上話。

因此孔子由楚國回到了衛國。當年，孔子六十三歲，是魯哀公即位後的第六年。

原文　其明年，吳與魯會繒，徵百牢。太宰嚭召季康子。康子使子貢往，然後得已。

孔子曰：『魯衛之政，兄弟也。』是時，衛君輒父不得立，在外，諸侯數以爲讓。而孔子弟子多仕於衛，衛君欲得孔子爲政。子路曰：『衛君待子而爲政，子將奚先？』孔子曰：『必也正名乎！』子路曰：『有是哉，子之迂也！何其正也？』孔子曰：『野哉由也！夫名不正則言不順，言不順則事不成，事不成則禮樂不興，禮樂不興則刑罰不中，刑罰不中則民無所錯手足矣。夫君子爲之必可名，言之必可行。君子於其言，毋所苟而已矣。』

其明年，冄有爲季氏將師，與齊戰於郎，克之。季康子曰：『子之於軍旅，學之乎？性之乎？』冄有曰：『學之於孔子。』季康子曰：『孔子何如人哉？』對曰：『用之有名，播之百姓，質諸鬼神而無憾。

徐廣曰：『此哀公十一年也，去吳會繒已四年矣。年表哀公十年，孔子自陳至衛也。』

求之至於此道，雖累千社，夫子不利也。』康子曰：『我欲召之，可乎？』對曰：『欲召之，則毋以小人固之，則可矣。』而衛孔文子將攻太叔，問策於仲尼。仲尼辭不知，退而命載而行，曰：『鳥能擇木，木豈能擇鳥乎！』文子固止。會季康子逐公華、公賓、公林，以幣迎孔子，孔子歸魯。

孔子之去魯凡十四歲而反乎魯。

魯哀公問政，對曰：『政在選臣。』季康子問政，曰：『舉直錯諸枉，則枉者直。』康子患盜，孔子曰：『苟子之不欲，雖賞之不竊。』然魯終不能用孔子，孔子亦不求仕。

譯文　第二年，吳國與魯國在繒地相會，吳國向魯國徵要一百套祭祀所用的牲畜牛、豬、羊搭配在一起的太牢。吳國的太宰嚭召見季康子前去赴會。季康子派出子貢前去赴會，然後這件事才得以作罷。

孔子說：『魯國與衛國的政治情況，就如同兄弟一樣相像。』當時，衛國國君輒的父親不能按照禮制即位爲國君，流亡在國外，諸侯們多次以這件事責怪衛君輒。而孔子的徒弟大部分在衛國做官，衛國國君打算讓孔子參與政事。子路說：『衛君等着您來參與政事，您會把什麼工作放在第一位？』孔子說：『一定要先端正名分啊！』子路說：『有這樣的說法嗎，您可真是迂闊啊！怎麼去端正名分呢？』孔子說：『多麼粗魯啊，仲由！要是名分沒能端正，說話就無法順理，說話無法順理，事情就無法成功，事情無法成功，禮和樂就無法興盛，禮和樂無法興盛，刑罰就難以準確，刑罰有失準確，百姓就會感到手足無措無所適從。君子做什麼事情必須要符合名分，說出來的話一定要付諸行動。君子對於自己所說的話，并沒什麼可以苟且馬虎的地方而已。』

第二年，冉有爲季氏統領魯國的軍隊，和齊國的軍隊在郎邑作戰，打敗了齊軍。季康子問冉有：『您在帶兵打仗上的才能，是後來學習的，還是天生就會的呢？』冉有說：『是從孔子那裏學來的。』季康子問：『孔子是個怎樣的人呢？』冉有回答說：『任用他要與名分相合，在百姓中宣揚他，即使和鬼神對質也不會感到遺憾。像我學到的這些用兵之道，即使能得到千社的封賞，老師也不會貪圖這樣的利益。』季康子說：『我想要召請孔子來，怎麼樣？』冉有回答說：『想要召請他，就不要再用小人牽制他，那樣的話是可以的。』衛國的孔文子打算帶兵攻打大夫太叔，向孔子詢問所需計策，孔子推託自己并不知道，退出來後就吩咐駕上車上路離開，說：『鳥兒能選擇在哪棵樹上棲息，樹木怎麼可以選擇鳥兒啊？』孔文子堅決挽留他。當時正趕上季康子驅趕走了公華、公賓、公林，帶着禮物來迎接孔子，孔子就回到魯國。

孔子從魯國離開已經有十四年，而後才回到魯國。

魯哀公問孔子如何施政，孔子回答說：『爲政之道的關鍵在於選擇臣子。』季康子問孔子如何施政，孔子說：『舉薦正直的人，安置在那些心術不正的人之上，心術不正的人就會變得正直。』季康子因爲盜賊的事十分憂慮，孔子說：『要是您沒有貪欲，即使獎賞他們，他們都不會偷竊。』但魯國最終還是沒能任用孔子，孔子也沒有謀求官位。

原文　孔子之時，周室微而禮樂廢，詩書缺。追迹三代之禮，序書傳，上紀唐虞之際，下至秦繆，編次其事。曰：『夏禮吾能言之，杞不足徵也。殷禮吾能言之，宋不足徵也。足，則吾能徵之矣。』觀殷夏所損益，曰：『後雖百世可知也，以一文一質。周監二代，郁郁乎文哉。吾從周。』故書傳、禮記自孔氏。

孔子語魯大師：『樂其可知也。始作翕如，縱之純如，皦如，繹如也，以成。』『吾自衛反魯，然後樂正，雅頌各得其所。』

古者《詩》三千餘篇，及至孔子，去其重，取可施於禮義，上采契后稷，中述殷周之盛，至幽厲之缺，始於衽席，故曰『《關雎》之亂以爲《風》始，《鹿鳴》爲《小雅》始，《文王》爲《大雅》始，《清廟》爲《頌》始』。三百五篇孔子皆弦歌之，以求合韶武雅頌之音。禮樂自此可得而述，以備王道，成六藝。

孔子晚而喜《易》，序《彖》、《繫》、《象》、《說卦》、《文言》。讀《易》，韋編三絕。曰：『假我數年，若是，我於《易》則彬彬矣。』

何晏曰：『物類相召，勢數相生，其變有常，故可預知者也。』

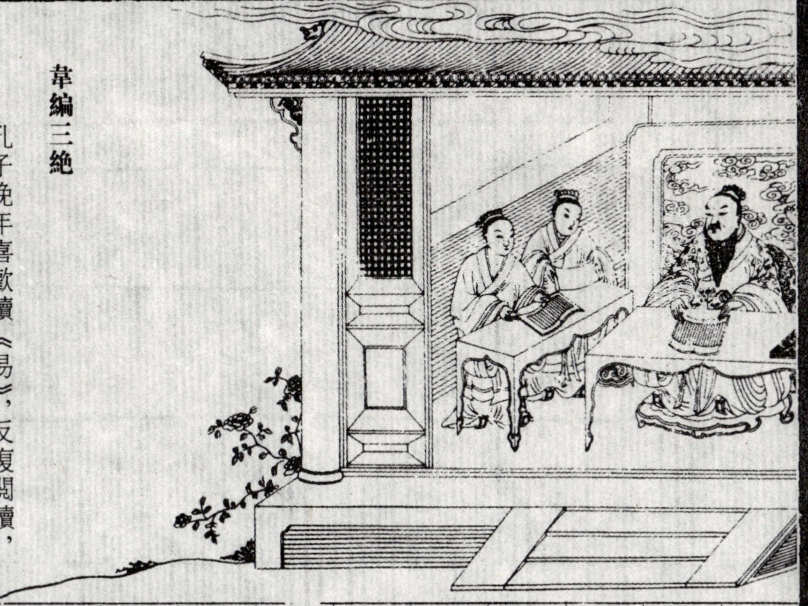

韋編三絶

孔子晚年喜歡讀《易》，反復閲讀，以至於連穿竹簡的皮條都斷了多次。

譯文

孔子時期，周王室衰微不堪，禮樂崩壞，《詩經》和《尚書》都已殘缺。孔子追尋夏、商、周三代的禮制的痕迹，叙列《尚書》，向上記録到唐堯、虞舜之際，向下一直到秦穆公，按着次序編排在這其間的歷史事件。他説：『夏代的禮制我能夠言説出來，但杞國并未留下足夠的文獻得以證明它。殷商的禮制我能言説出來，但宋國并未留下足夠的文獻能夠證明它。要是文獻足夠，我就可以運用文獻來證明這些禮制了。』孔子在審視了殷商與夏朝禮制增損變化的情况後説：『禮制雖然歷經百世，卻還是能夠知道的，它的變化規律就是一代文采，一代質樸。周朝的禮制得以借鑒夏、商兩代的禮制，文采是多麽豐富多彩啊！我服從周禮。』因此《尚書》和《禮記》都是由孔子整理編輯的。

孔子告訴魯國的樂官説：『樂曲的演奏過程是能夠知道的。初始演奏時，翕翕地十分熱烈，接着就變得和諧而清晰，樂聲持續不斷，一直到一部樂曲演奏完成。』孔子説：『我由衛國返回魯國，之後《詩經》的樂曲得以訂正，《雅》和《頌》的每篇每章都在它應在的地方。』

古代的《詩經》共有三千多篇，等到了孔子，删去其中的重複之處，選取那些能夠用來禮義教化的，向上采用商朝的始祖契、周朝的始祖后稷之時，中間講述殷商、周朝的興盛，一直到周幽王與周厲王的過失，然後到男女夫婦的關係以及愛情的詩篇。因此説『《關雎》篇是作爲《風》的第一篇，《鹿鳴》篇是作爲《小雅》的第一篇，《文王》篇是作爲《大雅》的第一篇，《清廟》篇是作爲《頌》的第一篇』。《詩經》中的三百零五篇詩歌孔子都入樂彈唱，以能夠和古時的《韶》、《武》、朝廷雅樂、廟堂頌樂的聲情精神相合。先王昔日的禮樂制度從此才可以稍現舊觀得以稱述，并以此來完備治國施政之道，脩成了《詩經》、《尚書》、《禮記》、《樂經》、《易經》、《春秋》六經。

孔子到了晚年喜歡讀《易經》，闡述了《彖》、《繫辭》、《象》、《説卦》、《文言》。他讀《易經》，將編竹簡的皮繩都磨斷了三次。他説：『再多讓我活幾年的話，要真的這樣，我對於《易》的文辭與義

鄹音聚。顏濁鄒，非七十二人數也。

王肅曰：『恂恂，溫恭貌也。』

理都能掌握清楚了。』

原文

孔子以詩書禮樂教，弟子蓋三千焉，身通六藝者七十有二人。如顏濁鄒之徒，頗受業者甚衆。

孔子以四教：文，行，忠，信。絕四：毋意，毋必，毋固，毋我。所慎：齊①，戰，疾。子罕言利與命與仁。不憤不啓，舉一隅不以三隅反，則弗復也。

其於鄉黨，恂恂似不能言者。其於宗廟朝廷，辯辯言，唯謹爾。朝，與上大夫言，誾誾如也；與下大夫言，侃侃如也。

入公門，鞠躬如也；趨進，翼如也。君召使儐，色勃如也。君命召，不俟駕行矣。

魚餒，肉敗，割不正，不食。席不正，不坐。食於有喪者之側，未嘗飽也。

是日哭，則不歌。見齊衰、瞽者，雖童子必變。

『三人行，必得我師。』『德之不脩，學之不講，聞義不能徙，不善不能改，是吾憂也。』使人歌，善，則使復之，然後和之。

子不語：怪，力，亂，神。

注釋

①齊：同『齋』，齋戒。

譯文

孔子借着《詩經》、《尚書》、《禮記》、《樂經》來教導弟子，跟他學習的弟子有三千人，兼通禮、樂、射、御、書、數這六種技藝的共有七十二人。像顏濁鄒這樣的受孔子教育的弟子有不少。

孔子教導弟子四個方面：禮樂文獻知識、社會實踐、待人的忠誠及遵守信用。令弟子斷絕四種情況：不任意臆測、不武斷抉擇、不固執己見、不自以爲是。需要尤其謹慎的有：祭祀前的齋戒、戰爭、疾病。孔子極少將利益和天命、仁德放在一起談論。弟子要是沒到想弄明白而無法弄懂之時，孔子不會啓發他。要是不能舉一反三，孔子也不再教授了。

孔子在自己的家鄉，溫和謙遜，好像是個不善言談之人。他在宗廟與朝廷之上，談論問題都明辨而詳細，衹是態度依然恭謹。上朝時，孔子和上大夫談話，態度端莊而正直；和下大夫談話，態度則和樂而安詳。

孔子進入國君的宮門時，低着頭，彎着腰，非常恭敬；進來後，小步地快速前行，兩臂後伸，如同鳥兒的翅膀；國君命他接待貴賓，他的表情十分莊重。國君有命要召見他，沒等到車輛駕好，他就起身出發了。

魚不新鮮，肉變腐敗，割肉沒按規定，孔子不會吃。坐席擺放得不合規矩，孔子不會坐。在處於喪事中的人身旁吃飯，孔子從未吃飽過。

在這天裏哭泣過，就不會再唱歌。看到穿着喪服的和盲人，即使是個小孩子，也一定會改變面容以示同情。

孔子說：『三人一起行路，其中必有可以當作我老師的。』

聖門四科

孔門弟子中，德行好的有顏淵、閔子騫、冉伯牛、冉仲弓；擅長言辭的有子我、子貢；擅長處理政務的有冉有、季路；熟悉古代文獻的有子游、子夏。

又說：『品德無法脩明，學業無法講習，聽到正義的道理卻無法施行，缺點和錯誤沒能得以改正，這都是我所憂慮的。』要求別人唱歌，要是唱得好，就請他再唱一遍，然後自己跟着他一起唱。

孔子不會談論和怪異、暴力、悖亂、鬼神有關的話題。

原文 子貢曰：『夫子之文章，可得聞也。夫子言天道與性命，弗可得聞也已。』顏淵喟然嘆曰：『仰之彌高，鑽之彌堅。瞻之在前，忽焉在後。夫子循循然善誘人，博我以文，約我以禮，欲罷不能。既竭我才，如有所立，卓爾。雖欲從之，蔑由也已。』達巷黨人曰：『大哉孔子，博學而無所成名。』子聞之曰：『我何執？執御乎？執射乎？我執御矣。』牢曰：『子云「不試，故藝」。』

魯哀公十四年春，狩大野。叔孫氏車子鉏商獲獸，以爲不祥。仲尼視之，曰：『麟也。』取之。曰：『河不出圖，雒不出書，吾已矣夫！』顏淵死，孔子曰：『天喪子！』及西狩見麟，曰：『吾道窮

孔安國曰：『聖人受命，則河出圖，今無此瑞。吾已矣夫者，傷不得見也。河圖，八卦是也。』

劉熙曰：『知者，行堯舜之道者也。罪者，在王公之位，見貶絕者。』

矣！』喟然嘆曰：『莫知我夫！』子貢曰：『何爲莫知子？』子曰：『不怨天，不尤人，下學而上達，知我者其天乎！』

『不降其志，不辱其身，伯夷、叔齊乎！』謂『柳下惠、少連降志辱身矣』。謂『虞仲、夷逸隱居放言，行中清，廢中權』。『我則異於是，無可無不可。』

子曰：『弗乎弗乎，君子病沒世而名不稱焉。吾道不行矣，吾何以自見於後世哉？』乃因史記作《春秋》，上至隱公，下訖哀公十四年，十二公。據魯，親周，故殷，運之三代。約其文辭而指①博。故吳楚之君自稱王，而《春秋》貶之曰『子』；踐土之會實召周天子，而《春秋》諱之曰『天王狩於河陽』：推此類以繩當世。貶損之義，後有王者舉而開之。春秋之義行，則天下亂臣賊子懼焉。

孔子在位聽訟，文辭有可與人共者，弗獨有也。至於爲《春秋》，

筆則筆，削則削，子夏之徒不能贊一辭。弟子受《春秋》，孔子曰：『後世知丘者以《春秋》，而罪丘者亦以《春秋》。』

注釋 ①指：同『旨』，宗旨，內容。

譯文

子貢說：『老師傳授給我們的文獻方面的文辭知識，是能夠聽到得知的。老師教導我們的和天道與天性有關的言論，是不能夠聽到并知曉的。』顏淵深深嘆息着贊賞說：『老師的學說，越是抬頭仰望，越覺得其中的崇高；越是鑽研它，越覺得其中的堅實與深厚。看到它就在前方，忽然間又跑到了後面。老師善於有條理有計劃地誘導人，用文獻典籍來豐富我們的知識，用禮儀規範來約束我們的言行，即使想停止學習都無法辦到。已然竭盡了我的所有才力，似乎能在社會中獨立了，可老師的學說仍然高高地聳立在我們面前。雖然想追隨上去，卻無從達到。』達巷那個地方的人說：『多麼偉大啊孔子，博學卻并未因爲某項專長而出名。』孔子聽說了這話，說：『我的專長在什麼方面呢？駕車嗎？射箭嗎？我還是專長駕車吧。』子牢說：『老師曾說過：「沒能得到重用，這才學會了這麼多技藝。」』

魯哀公十四年的春天，來到大野狩獵。叔孫氏的車夫鉏商抓獲了一頭罕見的野獸，認爲這是不祥

西狩獲麟

魯哀公十四年，魯人在西郊打獵獲得一隻麒麟，孔子前去觀看，哭泣着說：『這是麒麟啊，麒麟是仁義之獸，一出現就死了，我的道也要完了。』

的徵兆。孔子看了看野獸說：『這是隻麒麟。』他就把野獸帶走了。他說：『黄河幷未出現神龍背負的八卦圖，洛水幷未出現神龜背負的洛書，我已經沒希望了！』顏淵去世，孔子說：『這是上天要亡我啊！』到了西行前去狩獵時發現麒麟，孔子說：『我的學說已經山窮水盡了啊！』深深地長嘆着說：『沒有人能理解我啊！』子貢說：『怎麼會沒有人理解老師呢？』孔子說：『我不抱怨上天，也不歸咎於世人，下學人間世事，上達天理命運，能理解我的恐怕衹有上天了啊！』

孔子說：『不屈從自己的志向，不侮辱自己的身體，衹有伯夷、叔齊這兩人吧！』又說：『柳下惠、少連屈降自己的志向，侮辱自己的身體。』又說：『虞仲、夷逸避世歸隱，直言世務，行事符合清廉高潔，自我廢棄也算權宜得當。』又說：『我就和這些人不一樣，沒什麼是絕對可以的，也沒什麼是絕對不可以的。』

孔子說：『不行，不行，君子最擔心的就是人死之後而名聲沒有得到世人的稱頌。我的學說依然無法推行，我要把什麼留給後世之人呢？』就這樣孔子憑借魯國的歷史文獻編撰了《春秋》，上自魯隱公，下至魯哀公十四年，共記錄了十二個國君。《春秋》以魯國爲根本，以周王室爲正統，兼顧殷朝時期的舊制，向上承接三世的法統。文辭簡約自然而旨意宏大深遠。因此吳國和楚國的國君自稱爲『王』，《春秋》根據周朝禮制，貶稱他們爲『子』；踐土之會其實是晉侯召周天子前往的，而《春秋》出於避諱說『天王在河陽狩獵』。推究此類的法則以作爲衡量當世人所作所爲的標準。這樣的貶斥責備的大義，後代的以仁德治國的君王加以推廣利用。《春秋》的大義得以貫徹和執行，那麼天下的亂臣賊子就非常害怕了。

孔子爲官時審案，文辭上要是有需要和別人商量的，從不肯專擅獨行。到了他編撰《春秋》時，認爲該記錄下來的就直接記錄下來，該刪減削除的就斷然刪減削除，即使像子夏這樣的長於文采的弟子都無法參酌一字一詞。弟子們聽孔子講《春秋》時，孔子說：『後世要了解我孔丘，要憑借《春秋》，

服虔曰：『天子自謂「一人」，非諸侯所當名也。』

敬人公門

孔子進入宮殿門，恭恭敬敬好像没法容身的樣子。

而要責怪我孔丘，也要憑借《春秋》。」

原文 明歲，子路死於衛。孔子病，子貢請見。孔子方負杖逍遙於門，曰：『賜，汝來何其晚也？』孔子因嘆，歌曰：『太山壞乎！梁柱摧乎！哲人萎乎！』因以涕下。謂子貢曰：『天下無道久矣，莫能宗予。夏人殯於東階，周人於西階，殷人兩柱間。昨暮予夢坐奠兩柱之間，予始殷人也。』後七日卒。

孔子年七十三，以魯哀公十六年四月己丑卒。

哀公誄之曰：『旻天不吊，不玦遺一

老，俾屏余一人以在位，煢煢余在疚。嗚呼哀哉！尼父，毋自律！』子貢曰：『君其不沒於魯乎！夫子之言曰：「禮失則昏，名失則愆。」失志爲昏，失所爲愆。生不能用，死而誄之，非禮也。稱「余一人」，非名也。』

孔子葬魯城北泗上，弟子皆服三年。三年心喪畢，相訣而去，則哭，各復盡哀；或復留。唯子贛廬於冢上，凡六年，然後去。弟子及魯人往從冢而家者百有餘室，因命曰孔里。魯世世相傳以歲時奉祠孔子冢，而諸儒亦講禮鄉飲大射於孔子冢。孔子冢大一頃。故所居堂弟子內，後世因廟藏孔子衣冠琴車書，至於漢二百餘年不絕。高皇帝過魯，以太牢祠焉。諸侯卿相至，常先謁然後從政。

譯文 第二年，子路在衛國去世。孔子生病了，子貢前來謁見。孔子剛好拄着拐杖在門前徘徊閑步，說：『賜，你怎麼來得這麼晚啊？』孔子就嘆息一聲，唱道：『泰山就這樣崩壞了啊！梁柱就這

皇覽曰：『子思冢在孔子冢南，大小相望。』

夢奠兩楹

孔子說：『殷人停靈在兩楹之間，我是殷的後人，昨晚夢見棺木放置在兩楹之間，現在天下沒有賢明的君王，誰能尊道呢？我要死了。』過了七日孔子去世。

樣折斷了啊！哲人就這樣凋謝了啊！」他就這樣落下淚來。孔子對子貢說：『天下失去常道已經很長時間了，沒有人可以遵循我的學說。夏朝人死去了在東廂臺階上停棺，周朝人死去了在西廂臺階上停棺，商朝人死去了在廳堂的兩柱之間停棺。昨天夜裏我夢到自己坐在兩柱之間受人祭奠，看來我的始祖是殷商之人。』七天後，孔子去世。

孔子享年七十三，在魯哀公十六年的四月己丑日去世。

魯哀公爲孔子作的悼詞說：『上天并不仁慈，不肯留下這垂垂老者，讓他拋開了我，害我孤零零一人在位，孤獨無依，傷心不已。唉！多麼悲痛啊！尼父，我不能自己約束自己了。』子貢說：『君主他是不想終老於魯國吧！老師的話是說：「禮制喪失了世道就會混亂，名分失去了就會出現過失。失去了志向就能導致昏亂，沒有了分寸就會出現過錯。」生前沒有重用，死後才來撰文悼念，這是不合禮節的。以諸侯的身份卻稱「我一人」，這是不合名分的。』

孔子死後被葬在了魯城以北的泗水岸邊，弟子們都爲孔子服心喪三年。三年的心喪結束，互相告別着離開，都相對哭泣，每個人都依舊非常傷心，有的弟子就又留了下來。衹有子貢一人在墓地旁邊蓋了間小屋住下，一直待了六年，然後才離開。弟子和魯國人前去墓地定居的有一百多家，因而這個地方就被命名爲『孔里』。魯地世世代代傳了下來，每年都會按時對孔子的墳墓進行祭祀，而儒者們講習禮儀、鄉飲酒禮、比射儀式也會來到孔子的墓地。孔子的墓地大小爲一頃。孔子的故居堂屋及弟子所住的房舍，後來都改成了廟，以收藏孔子生前的衣冠、琴、車輛、書籍，一直到漢朝，歷經二百多年都沒有廢棄。高皇帝路過魯地，以牛、豬、羊三牲搭配的太牢之禮祭祀孔子。諸侯卿相一到這裏上任，常要先去孔子墓祭拜後，然後才正式就職任事。

原文

孔子生鯉，字伯魚。伯魚年五十，先孔子死。伯魚生伋，字子思，年六十二。嘗困於宋。子思作《中庸》。

治任別歸

孔子死後弟子們服喪三年，祇有子貢廬墓六年。弟子和魯國人在墓旁築室爲家者有一百多戶。

子思生白，字子上，年四十七。子上生求，字子家，年四十五。子家生箕，字子京，年四十六。子京生穿，字子高，年五十一。子高生子慎，年五十七，嘗爲魏相。

子慎生鮒，年五十七，爲陳王涉博士，死於陳下。

鮒弟子襄，年五十七。嘗爲孝惠皇帝博士，遷爲長沙太守。長九尺六寸。

子襄生忠，年五十七。忠生武，武生延年及安國。安國爲今皇帝博士，至臨淮太守，蚤卒。安國生卬，卬生驩。

太史公曰：《詩》有之：『高山仰止，景行行止。』雖不能至，然心鄉往之。余讀孔氏書，想見其爲人。適魯，觀仲尼廟堂車服禮器，諸生以時習禮其家，余祗回留之不能去云。天下君王至於賢人衆矣，當時則榮，沒則已焉。孔子布衣，傳十餘世，學者宗之。自天子王侯，中國言六藝者折中於夫子，可謂至聖矣！

譯文

孔子生有兒子鯉，字伯魚。伯魚享年五十歲，死在孔子之前。

伯魚生有兒子伋，字子思，享年六十二歲。他曾在宋國受困。子思編撰了《中庸》。

子思生有兒子白，字子上，享年四十七歲。子上生有兒子求，字子家，享年四十五歲。子家生有兒子箕，字子京，享年四十六歲。子京生有兒子穿，字子高，享年五十一歲。子高生有兒子子慎，享年五十七歲，曾經做過魏國的宰相。

子慎生有兒子鮒，享年五十七歲，擔任過陳王涉的博士，在陳縣去世。

鮒有個弟弟子襄，享年五十七歲，曾擔任過孝惠皇帝的博士，又改任爲長沙郡太守。他身高九尺六寸。

子襄生了兒子忠，享年五十七歲。忠生有兒子武，武生有兒子延年和安國。安國做了當今皇帝的博士，又做到臨淮太守，早年就死了。安國生有兒子卬，卬生有兒子驩。

太史公說：《詩經》中有這樣的話：『崇高的山嶺引人瞻仰，寬闊的大路讓人遵循。』我儘管沒能趕得上孔子的時代，卻總是在心裏充滿向往。我讀過孔子的著作，能夠想見他的爲人。來到魯地，參見了仲尼的廟堂及車輛、衣服、禮器，那些儒生都按時前往孔子的舊居演習禮儀，我心懷敬仰，流連徘徊着不願就此離去。天下的君王和賢達人士有很多，活着的時候都十分榮耀，等到去世後就一切消失。孔子就是個布衣平民，他的學說卻能夠流傳十幾代，讓學者崇仰。自天子和王侯往下，中國所有談論六藝的人都將孔子的學說作爲標準，可以說孔子眞是位至高無上的聖人啊！

賞析

孔子一生都有着極高的政治熱情，即使在他遭到打擊、排斥、嘲諷、圍困的時候也仍然不滅。爲了宣傳自己的政治主張，他不辭勞苦，用了一生的大部分時間，帶領弟子周游列國，奔走游說。雖然到處碰壁，但仍執着追求。本篇用了相當篇幅，眞實地記述了孔子一生的政治活動，寫得生動具體、形象逼眞。

孔子是我國教育史上私人授徒講學的第一人。在他之前，學在官府，孔子興辦私學，廣收門徒，把教育對象擴大到了平民，把文化知識傳播到民間，這在我國教育史上，是一個創舉，爲古代的教育作出了巨大貢獻。《孔子世家》對孔子的辦學思想、教學內容和方法，以及他循循善誘、誨人不倦的作風，都有全面的描寫，突出地表現了這位偉大教育家的風範。文章也寫了孔子淵博的知識和高度的脩養，以及他在整理和傳播古代文化典籍方面的功績。孔子整理和編纂過《詩經》、《易經》、《禮記》、《樂經》、《春秋》等古代文化典籍，并且成爲教學內容的重點，從而對這些古代文獻的傳播和保存作出了傑出貢獻。

孔子及弟子顏回像